Anonymous

Frankreich und seine Stellung zu den anderen europäischen Mächten vor Ausbruch des Krieges im Jahre 1870

Anonymous

Frankreich und seine Stellung zu den anderen europäischen Mächten vor Ausbruch des Krieges im Jahre 1870

ISBN/EAN: 9783743680173

Hergestellt in Europa, USA, Kanada, Australien, Japan

Cover: Foto ©ninafisch / pixelio.de

Weitere Bücher finden Sie auf **www.hansebooks.com**

FRANKREICH

und

seine Stellung

zu den

anderen europäischen Mächten

vor

Ausbruch des Krieges im Jahre 1870.

———————

WIEN.

Druck und Commissions-Verlag von Carl Gerold's Sohn.

1871.

Die Geschichte Europa's ist wieder am Wendepunkte einer ihrer markantesten Perioden angelangt. Wie nach den ausserordentlichen Ereiguissen der Zeit N a p o l e o n I. , so stehen wir auch heute hart am Abschlusse einer grossartigen Geschichtsepoche. Beide Epochen sind sich in ihren übergewaltigen Anstrengungen wie in ihren Zielen nach Störung und Wiederherstellung des staatlichen Gleichgewichts ähnlich und umfassen einen gleichen Zeitraum von über zwanzig Jahren. Werden es nun endlich die Zustände unseres Welttheils der segnenden Hand der Civilisation vergönnen, die Pforten des Janustempels zu schliessen, oder wird auch die Zukunft die ringenden Völker noch an der unfruchtbaren Arbeit des ewigen Zerstörens und Wiederaufrichtens der staatlichen Machtverhältnisse treffen? — —

Nach dem durch die vereinte Mitwirkung aller Staaten und Völker Europa's, mit alleiniger Ausnahme der Türkei, herbeigeführten Zusammenbruche des ersten französischen Kaiserreiches, war man im Wiener Congresse bemüht, die Machtverhältnisse der bedeutenderen Staaten in einer den Frieden für möglichst lange Zeit gewährleistenden Weise zu ordnen. Frankreich, das, am Gipfelpunkte seines Kriegsglückes, seine Herrschaft nach Italien, Spanien , Belgien und Holland getragen und Deutschland unter seiner Botmässigkeit gehalten hatte, wurde im Allgemeinen auf die alten Grenzen von 1790 zurückgeführt; Deutschland constituirte sich aus 39 grösseren oder kleineren unabhängigen Gebieten als Föderativstaat, der durch seine Cultur und namentlich durch das Gewicht der ihn präsentirenden österreichischen und preussischen Monarchie als die erste Macht Europa's dastand.

1

Doch es war dafür gesorgt, dass dieser Bundesstaat nicht leicht aggressive Tendenzen verfolgen und anderen Staaten gefährlich werden könne. Seine Kraft beruhte vor Allem auf dem friedlichen Zusammengehen Oesterreichs und Preussens. Kam dieses in Frage, so ward die Wirksamkeit des Bundes nach Aussen gelähmt, während im Inneren der Zerfall in mindestens zwei feindliche Lager drohte. Seine Stärke konnte daher unter Umständen auch seine grösste Schwäche werden. Anderseits erschien die ganze politische und militärische Verfassung des Bundes mit seinem schwerfälligen Regierungsapparate und seinen vielgestaltigen Heereseinrichtungen von dem Momente, da die erste Dampflocomotive über die länderverbindenden Schienen brauste, als Anachronismus.

Doch blieb Deutschland und dadurch Europa eine lange Friedensepoche beschieden, die den dauernden freundschaftlichen Beziehungen Oesterreichs und Preussens und der Allianz dieser Staaten mit einer dritten Macht — Russland — zu danken war.

Dem durch den Wiener Congress in die engsten und ungünstigsten Grenzen gestellten Frankreich war damit von vorneherein jede Aussicht für das Gelingen etwaiger erneuter Expansionsversuche benommen.

Doch musste nothwendig die allgemeine Situation im Laufe der Zeit sich ändern, denn so friedensbedürftig auch an sich die Staaten sind, so vermögen sie trotzdem nimmer den über ihre Grenzen hinausreichenden Aspirationen zu entsagen, die theils in ihrer zufälligen geographischen Lage ihre Begründung finden, theils aber aus dem steten Pulsiren des politischen Lebens entspringen. Der Sturmwind peitscht die spiegelglatte Wasserfläche und wühlt die See in ihren Tiefen auf; so bringt auch die menschliche Leidenschaft und der der menschlichen Brust eingeimpfte Entwicklungsdrang alle gesellschaftlichen und politischen Beziehungen zeitweise in mächtige Erregung.

Freiheitsideen, sociale und nationale Bestrebungen führten daher, bald nachdem das System des Wiener Congresses Wurzel gefasst, an einzelnen Orten zu Unruhen, Kämpfen und zu politischen Neugestaltungen, so in den Niederlanden, in Griechenland, Polen, Spanien und Italien; — doch berührten diese Bewegungen das System gewissermassen nur an seinen Umfangslinien. Das Wesen desselben wurde erst durch die Ereignisse des Jahres 1848 getroffen, als sich die meisten Grossstaaten vom Strome der Zeit ergriffen sahen. Namentlich waren es zwei derselben, die von dem mächtigen Wirbel fortgerissen wurden: Frankreich und Oesterreich.

In Frankreich, das seine Dynastie über Bord geworfen und sich republikanisirt hatte, glaubte eine, im Beginne wohl mehr energische als zahlreiche Partei am raschesten und sichersten zu einem geordneten und in der Welt dominirenden Staatswesen zu gelangen, wenn sie, auf die in den grossen Massen nachzitternden Erinnerungen an die Cäsarengestalt Napoleon I. hin, dessen Neffen, dem Prinzen Louis Napoleon, die oberste Leitung der öffentlichen Angelegenheiten anvertraute. [1]

Oesterreich, erschüttert durch die revolutionären Bewegungen, musste zur Behauptung seines Besitzstandes gegen innere und äussere Angriffe förmliche Kriege führen. Es ging jedoch siegreich aus selben hervor und nahm schliesslich einen Elan über seine bisherige Machtsphäre hinaus. Im Jahre 1850 hatten sich die österreichischen Fahnen von Rom bis zur Eider entfaltet.

Auch Preussen, von der Bewegung erfasst, hatte im Inneren und in einigen deutschen Gebieten die Revolution zu bekämpfen. Das Aufstreben Oesterreichs fachte seine Eifersucht an und es fehlte nicht mehr viel zu einem ernsten Conflicte beider Mächte. Die damalige Lage Preussens und namentlich seine militärische Organisation gestatteten in jenem Augenblicke nicht den Kampf gegen das von dem ganzen übrigen Deutschland unterstützte Oesterreich. So wie König Friedrich Wilhelm IV. die ihm zwei Jahre zuvor von der deutschen Nationalversammlung angetragene deutsche Kaiserkrone ausschlug, so wich er auch jetzt dem Conflicte aus.

Russland blieb von der allgemeinen Bewegung unberührt und konnte selbst Oesterreich hilfreiche Hand zur Bekämpfung seiner inneren Wirren leisten.

Grossbritannien, das seine socialen Umwälzungen seit Langem hinter sich hatte, unterstützte dagegen allenthalben die auf einen Wechsel der Dinge gerichteten Bewegungen mit diplomatischen Rathschlägen.

Hatten diese Geschehnisse auch keine bedeutenderen Veränderungen der europäischen Staaten in ihren äusseren Beziehungen zur

---

[1] Sohn des ehemaligen Königs von Holland Louis; geboren am 20. April 1808, wurde am 10. December 1848 Präsident der Republik, stürzte die republikanische Verfassung und schlug am 2. December 1851 einen Aufstand nieder; wurde dann mit mehr als sieben Millionen Stimmen zum Präsidenten auf 10 Jahre gewählt und mit monarchischer Gewalt bekleidet, am 20. und 21. December; proclamirte sich endlich auf Grund eines Senatusconsults und eines zweiten Plebiscits als Kaiser der Franzosen am 1. December 1852.

unmittelbaren Folge, so konnte doch ihre Rückwirkung auf die inneren
Gestaltungen nicht in Abrede gestellt werden. Die nationalen und socialen Fragen, obgleich allenthalben gewaltsam niedergehalten, leb-
ten hoffend und eines günstigen Augenblickes harrend weiter, und die
Thatsache, dass auf dem Throne des leicht entzündbaren französischen
Volkes wieder ein Bonaparte sass, warf ihre unheimlichen Schatten
in die Kreise der Staatenfamilien des Erdtheiles.

Sämmtliche Mächte hatten den natürlichen Erben und Voll-
strecker der Ideen des gewaltsamen Stifters seiner Dynastie, der jede
seiner bisherigen Acte durch Volksabstimmungen und constitu-
tionelle Formen gestützt, im Uebrigen aber alle widerstrebenden
Elemente mit Rücksichtslosigkeit zu beseitigen und den Regierungs-
willen unter allen Umständen durchzusetzen verstanden, anerkannt.

Nicht leicht konnte man jetzt etwas Anderes als Gewaltthaten
von Seiten Frankreichs gewärtigen, das nun wieder seinen unbezähm-
baren Nationalstolz und eine Regierung gewonnen, die willig und kräftig genug war, denselben zu befriedigen. ¹)

Doch nicht von Frankreich sollte der erste Anlass zu einem
Kriege kommen.

Den Anlass zu dem ersten der zahlreichen Kämpfe, unter denen
bald Europa zu leiden hatte, gab Russland, das im Jahre 1854 die
Zeit für gekommen erachtete, seine Politik gegen die Türkei, zu deren
Schutze nun Frankreich und England ihre Kräfte aufboten, wieder
aufzunehmen.

So sehr man längere Zeit der Anschauung zuneigte, der Kriegs-
plan gegen Europa zur Wiederherstellung der Suprematie Frankreichs
ginge dahin, zuerst Russland zu bekämpfen, an dem die anderen Staaten einen festen Rückhalt hatten, und dann nacheinander die Uebrigen
zu bekriegen, scheint der Conflict im Oriente doch nur ein Zwischenfall für die Napoleon'sche Politik gewesen zu sein, deren erste
Angriffspläne eigentlich Oesterreich galten.

Das Heranziehen des kleinen Piemont in den Kampf gegen Russland konnte wohl keinen anderen Zweck haben, als dem Verfechter der

---

¹) Prinz Louis Napoleon hatte während seiner Verbannung, drei Jahre
nach dem misslungenen Putsche in Strassburg und ein Jahr vor seinem
zweiten Auftauchen in Boulogne, die Ziele seines Onkels in einer Bro-
chure, die er unter dem Titel: *Des Idées Napoléennes* im Juli 1839 zu
London herausgab, zu erläutern gesucht. — Es wird darin gesagt, dass
sich die Völker in Anstrengungen verzehren, das wieder zu erreichen,
was sein Onkel gewollt: die Befreiung von feudalen Fesseln, die Be-
friedigung der nationalen Interessen und eine föderative Friedens-
verbindung aller Völker.

italienischen Einheitsidee das Recht zu einem Anspruche auf die Unterstützung Frankreichs zur Zeit zu sichern, da es seine nationalen Ambitionen neuerlich gegen Oesterreich zu verfolgen sich anschicken
würde. In der That war und blieb die ganze Haltung Frankreichs
feindlich gegen Oesterreich, selbst als dieses, auf die Gefahr hin, einen
wohlwollenden und starken Nachbar sich dadurch für lange Zeit zu
einem unversöhnlichen Feinde zu machen, seine Armee mobilisirt und
dadurch der Action der Westmächte eine ganz ausserordentliche, wenn
auch indirecte Unterstützung zugeführt hatte.

Der Friede, der den orientalischen Krieg schloss, enthielt feindselige Bestimmungen gegen die österreichische Monarchie, wie: die
Freiheit der Donau-Schifffahrt, die Schöpfung der Donaufürstenthümer u. s. w.

Es vergingen dann nicht zwei Jahre, innerhalb welcher die französische Regierung im Vereine mit der brittischen, die gleichzeitig
einen Aufstand in Ostindien zu bewältigen hatte, [1]) eine Expedition nach China unternahm, [2]) so erhob Piemont von Neuem in
dringender Weise bei allen Höfen seine Klagen gegen Oesterreich, dessen Besitz auf italienischem Boden das nationale Gefühl nicht länger
dulden könne, — und am 1. Jänner 1859, bei dem berühmt gewordenen Neujahrsempfange in den Tuilerien, erfuhr die Welt zu ihrem
Erstaunen das Bedauern des Kaisers der Franzosen, über —seine nicht
allzufreundlichen Beziehungen zu Oesterreich.

Angesichts der Thatsache, dass Frankreich, als Anfangs Mai der
Krieg zwischen Oesterreich und Piemont begonnen, zu einem solchen
nicht gerüstet war, könnte man vielleicht folgern, auch dieser Krieg
sei nicht vorbedacht und vorbeschlossen gewesen, — hätte man eben
nicht eilf Jahre später das Schauspiel erlebt, in einem Momente, der
über die vitalsten Interessen des Kaiserreiches entschied, dasselbe wieder nicht rechtzeitig gerüstet dastehen zu sehen.

Wie dem nun sei, Kaiser Napoleon warf im Jahre 1859, als
die Gefahr für Piemont drohend wurde, in Hast eine Armee in dessen
Ebenen und führte, da auch Oesterreich nicht kräftig genug
gerüstet hatte, mit Uebermacht den Krieg bis an die Etsch, wo er
zum Vortheile Frankreichs endete.

Der Verlust der Lombardie war für Oesterreich die unmittelbare
Folge, die nationale Einigung Italiens hingegen durch denselben, wie
durch den baldigen Anheimfall der italienischen Herzogthümer und

---

[1]) Mai 1857 — Juli 1858.
[2]) 1857 — 1860; Schlacht bei Palikao, 21. September 1860.

päpstlichen Legationen an Piemont in entschiedener Weise inaugurirt, und — nachdem auch das Königreich beider Sicilien ein gleiches Schicksal erfahren — bis auf Venetien und das Patrimonium Petri, welch' Letzteres Frankreich militärisch besetzt hielt und bis auf die jüngste Zeit Italien verweigerte, vollendet.

Frankreich zog aus den beiden gegen Russland und Oesterreich geführten Kriegen keine greifbaren Vortheile. Weder der eine noch der andere dieser Staaten ersetzte die Milliarden, welche das Kaiserreich in diesen Kriegen verausgabt. Es gewann für sich von Piemont lediglich die Grafschaft Nizza und Savoyen, — eine geringe Entschädigung für solche Opfer, die nur der Türkei und Italien zu Gute gekommen, Russland und Oesterreich dagegen nur mässig geschädigt hatten. [1])

Der eigentliche Gewinn bestand in dem Bruche zwischen Oesterreich und Russland, somit in der Lösung der noch immer gegen Frankreich gerichteten Coalition, sowie in dem Waffenruhme und dem hohen Prestige, welche nun wieder den französischen Namen umgaben.

Das für seine National- und Waffenehre so hochempfindliche Volk sah in dem Kaiser den Erneuerer seiner traditionelen Grösse; auf Waterloo war nun ein Sebastopol, Magenta, Solferino und ein Sieg in China gefolgt; mehr denn je glaubte es nun, seine Geschicke in die richtigen Hände gelegt zu haben.

Getragen von der Armee, einer vollkommen ergebenen Beamtenschaft und einem eben so willigen Senate, gestützt auf die Masse des Volkes, das, bis auf eine verschwindende Zahl von Oppositionelen, immer wieder nur Männer in den gesetzgebenden Körper wählte, die bereit waren, die Politik des Kaisers zu unterstützen, hatte sein Thron einen hohen Grad von Festigkeit erlangt; dabei prosperirte Frankreich sichtlich in jeder Richtung und mit Staunen sah in dessen grossartiger, von beinahe zwei Millionen Menschen bewohnten Hauptstadt der Fremde das Thun und Schaffen der eben so leichtlebigen als arbeitsamen französischen Nation. Sie genoss keine besonderen politischen Freiheiten, verschmerzte diese aber leicht und gerne in der Erinnerung an die furchtbaren Parteikämpfe und Unordnungen, welche jene in Frankreich stets im Gefolge gehabt und in Anerkennung der Noth-

---

[1]) Es ist billig, hier auf die stets maassvollen Friedensbedingungen hinzuweisen; keiner der besiegten Staaten hatte die französischen Rüstungen zu entschädigen, so dass Frankreich die bedeutenden Kosten seiner Kriege allein trug.

wendigkeit einer kräftigen Regierung, die mit starker Hand alle Parteien, welcher Richtung immer sie angehörten, niederzuhalten wusste. Da gaben zur Zeit des 1861 in N o r d a m e r i k a ausgebrochenen Bürgerkrieges Misshelligkeiten mit der m e x i c a n i s c h e n R e p u b l i k Anlass zu einer transatlantischen, im Beginne von Frankreich, England und Spanien gemeinschaftlich unternommenen Expedition, angeblich zum Zwecke der Eintreibung von Schuldforderungen. Bald machte Frankreich allein einen weitern entscheidenden Schritt in der geradezu abenteuerlichen Absicht, in M e x i c o eine monarchische Regierung zu gründen, die sich, im Falle der gehofften Zertrümmerung der nordamerikanischen Union, möglicherweise auch auf deren Südstaaten ausdehnen und somit dauernd, nicht nur die Union selber brechen, sondern auch das republikanische Princip zu schädigen und der romanischen Race Amerika's das politische Uebergewicht über die anglo-germanische sichern sollte.

Diese Unternehmung fand aber nicht die Zustimmung des Landes und wurde zum Gegenstande heftiger Angriffe gegen die Regierung. Die Schwierigkeiten der Letzteren mehrten sich auch durch die Ereignisse, die mit stetig wachsender Bedeutung sich jetzt in Europa, namentlich in Deutschland, zu vollziehen begannen.

Eine Macht, die bisher an der politischen Gestaltung des Erdtheils nur untergeordneten Antheil genommen, versuchte sich plötzlich in den Vordergrund zu drängen.

F r i e d r i c h W i l h e l m IV. von P r e u s s e n war schon vor dem österreichisch-französischen Kriege hoffnungslos erkrankt, der Prinz von Preussen, W i l h e l m, hatte am 8. October 1858 als Prinz-Regent die Regierung übernommen und nach dem Tode des Ersteren (2. Jänner 1861) den Thron bestiegen. [1] Der Prinz-Regent hatte sich im Jahre 1859 nicht herbeigelassen, Oesterreich gegen Frankreich zu unterstützen, es wäre denn, dass sämmtliche deutschen Bundeskräfte unter preussische Führung gestellt würden, was Oesterreich aber nicht zugestand. Wie daher der orientalische Krieg einen Bruch zwischen Oesterreich und Russland zur Folge hatte, so rief der Krieg von 1859 das Misstrauen und die Rivalität Oesterreichs und Preussens wach.

Die preussische Armee wurde trotz des Widerspruches der Abgeordneten einer Reorganisation unterzogen, welche sie so wesentlich

---

[1] Gekrönt zu Königsberg am Jahrestage der Schlacht bei Leipzig, 18. October.

stärkte, dass sie den Armeen aller andern Grossmächte gewachsen, ja
sogar, was die Masse der organisationsmässig aufzustellenden Kraft
anbelangt, überlegen war.

Im Mai 1862 trat Baron Bismark an die Spitze des Ministe-
riums. Im Vereine mit dem Kriegsminister Roon und dem Chef
des Generalstabes Baron Moltke führte er die Armeeorganisation
durch, unbekümmert um die Verweigerung der hiefür nöthigen Mittel
durch das Abgeordnetenhaus und ohne es zu verhehlen, dass dem Heere
die Aufgabe zufallen werde, die Ansprüche Preussens auf eine grössere
Macht zur Geltung zu bringen. [1]

Als Oesterreich im Jahre 1863 auf einem Congresse deutscher
Fürsten zu Frankfurt am Main eine Reorganisation des deutschen
Bundes zum Zwecke der Kräftigung desselben versuchte, lehnte Preus-
sen jede Betheiligung ab. Dagegen ergriff es im folgenden Jahre den
Anlass, den der beständige Conflict zwischen der dänischen Regierung
und ihren deutschen Herzogthümern bot, eine Erweiterung seiner
Macht an der Nord- und Ostsee zu versuchen. [2]

Da ihm jedoch dieser Besitz streitig gemacht wurde, so stand es
im Jahre 1866 nicht an, verstärkt durch ein Bündniss mit Italien, den
deutschen Bund für aufgelöst zu erklären, und für eine völlige Neugestaltung Deutschlands und für die Hinausdrängung Oesterreichs aus
dem Bunde sein Heer in's Feld zu stellen. [3]

---

[1] Preussens Besitzstand war damals derselbe, der ihm nach den Bestimmungen des Wiener Congresses zugefallen. Es hatte 5086 Quadratmeilen und 19,304.833 Einwohner.
Nur der Schweizer Canton Neufchatel, der im Utrechter Frieden 1713
an die preussische Krone gekommen, war 1848 abgefallen.

[2] Einnahme des Danewerks 6. Februar 1864.
Sieg der Oesterreicher bei Oeversee und Veile unter Gablenz.
Sturm der Preussen auf Düppel unter dem Prinzen Friedr. Carl,
18. April 1864.
Seegefecht bei Helgoland (Tegetthoff). Waffenstillstand und
Londoner Conferenzen 22. Mai — 26. Juni.
Eroberung der Insel Alsen durch die Preussen unter Herwarth v.
Bittenfold 28. — 29. Juni.
Friedensschluss zu Wien 30. October 1864.
Vertrag von Gastein 14. August 1865.

[3] Die österreichischen Truppen unter Gablenz räumen Holstein 12. Juni
1866.
Bundesexecutionsbeschluss gegen Preussen 14. Juni 1866.
Preussische Sommation an Hannover, Sachsen und Kurhessen
15. Juni 1866.
Schlacht bei Custoza 24. Juni 1866.
Treffen bei Langensalza, Oswiecim, Nachod und Trautenau.
27. Juni 1866.
Treffen bei Münchengrätz, Trautenau u. Skalitz 28. Juni 1866.

Sämmtliche Grossmächte blieben bei Ausbruch dieses Krieges neutral. Nur Frankreich nahm in demselben insoferne Partei gegen Oesterreich, als es diesem von vorneherein die Preisgebung seiner letzten italienischen Provinz, allerdings gegen eine nicht näher bezeichnete Entschädigung, zumuthete und damit der Unternehmung Italiens gegen Oesterreich einen hohen moralischen Schutz verlieh.

Welcher Art die intimen Verhandlungen Frankreichs mit Preussen vor Ausbruch des Krieges, besonders gelegentlich der Biaritzer Besprechungen zwischen Kaiser Napoleon und Baron Bismark waren, ist bis zur Stunde, obgleich die neueste Zeit in mancher Beziehung die diplomatischen Vorgänge jener Tage enthüllte, dunkel geblieben.

Aus dem bekannten Briefe Napoleon's an seinen Minister des Aeussern, vom 11. Juni 1866, könnte man schliessen, dass der Kaiser den deutschen Bund, wenn auch in anderer Form, erhalten sehen wollte, „indem Preussen mehr Gleichartigkeit und Macht im Norden bekäme und Oesterreich seine Stellung in Deutschland behielte. „Ich weise jeden Gedanken", heisst es weiter, „an eine Besitzerweiterung (für Frankreich) insolange zurück, als das europäische Gleichgewicht nicht gestört wird. Wir könnten in der That an die Ausdehnung unserer Grenzen nur denken, wenn die Karte Europa's zum ausschliesslichen Vortheile einer Grossmacht verändert würde und wenn die angrenzenden Gebiete durch ihren frei ausgesprochenen Wunsch ihren Anschluss an Frankreich verlangten........In dem Kampfe, der auf dem Punkte steht zu entbrennen, haben wir nur zweierlei Interessen: die Bewahrung des europäischen Gleichgewichtes und die Erhaltung des Werkes, welches in Italien zu begründen wir beigetragen haben. Genügt aber nicht der moralische Einfluss Frankreichs, diese beiden Interessen zu schützen? Soll es, damit sein Wort gehört werde, den

---

Treffen bei Gitschin, Schweinschädel und Königinhof 29. Juni 1866.
Schlacht von Königgrätz 3. Juli 1806.
Gefecht bei Dermbach (Baiern) 4. Juli 1866.
Gefecht an der Saale (Kissingen u. s. w.) 10. Juli 1866.
Gefecht bei Laufach 13. Juli 1866.
Gefecht bei Aschaffenburg 14. Juli 1866.
Besetzung Frankfurts 16. Juli 1866.
Besetzung Darmstadts 17. Juli 1866.
Seesieg bei Lissa 21. Juli 1866.
Treffen bei Blumenau (Pressburg) 22. Juli 1866.
Gefecht bei Tauberbischofsheim 24. Juli 1866.
Waffenstillstand von Nikolsburg 26. Juli 1866.
Friedensschluss in Prag 23. August 1866.

Degen ziehen? Ich denke das nicht —..... Halten wir uns daher in einer abwartenden Neutralität und verbleiben wir in unserer Uneigennützigkeit" u. s. w.

Im theilweisen Widerspruche mit diesen Aeusserungen hätte nach einer Note, welche Graf Bismark [1]) am 29. Juli 1870 an den norddeutschen Gesandten in London richtete und deren Inhalt die Welt in nicht geringes Erstaunen versetzte, Napoleon schon vor dem Jahre 1862 die Absicht verrathen, die Rheingrenze und Belgien zu gewinnen; er hätte deshalb nicht gegen den Einmarsch in die Elbeherzogthümer protestirt, sich beim Eintritte der Spannung zwischen Oesterreich und Preussen diesem bereitwilligst genähert und ihm durch verschiedene Agenten Vorschläge zur beiderseitigen Vergrösserung gemacht; es hätte sich dabei bald um Luxemburg oder um die Grenze von 1814 mit Landau und Saarbrücken, bald um grössere Objecte gehandelt, unter welchen die französische Schweiz und die Frage, wo die Sprachgrenze in Piemont zu ziehen sei, nicht ausgeschlossen blieb. Auch hätte er wegen Ankauf Luxemburgs, jedoch vergeblich, mit dem Könige der Niederlande verhandelt.

Im Mai 1866, zur Zeit also, da man auf einem Congresse die Schlichtung des Zwistes versuchen wollte, hätte der französische Botschafter am Berliner Hofe, Mr. Benedetti, sogar ein Offensiv- und Defensivbündniss mit Preussen vorgeschlagen, von welchem Vorschlage der folgende Auszug in den Händen des preussischen Ministers blieb:

1. Im Falle eines Congresses wird in Uebereinstimmung die Cession Venedigs an Italien und die Annexion der Elbeherzogthümer durch Preussen betrieben.

2. Führt der Congress zu keinem Resultate, Abschluss einer Offensiv- und Defensivallianz.

3. Der König von Preussen wird die Feindseligkeiten in den ersten Tagen nach dem Auseinandergehen des Congresses eröffnen.

4. Tritt der Congress nicht zusammen, so wird Preussen dreissig Tage nach Zeichnung dieses Vertrages angreifen.

5. Der Kaiser der Franzosen wird den Krieg an Oesterreich erklären, sobald die Feindseligkeiten zwischen Oesterreich und Preussen begonnen haben werden. (30 Tage, 300.000 Mann.)

6. Man wird keinen Separatfrieden mit Oesterreich schliessen.

---

[1]) Baron Bismark wurde am 15. September 1865 zur Belohnung seiner ausserordentlichen Verdienste um die grossen Erfolge Preussens in den Grafenstand erhoben.

7. Der Friede kommt unter nachfolgenden Bedingungen zu
Stande : Venedig an Italien etc. (??)
Die Seelenzahl des von Frankreich zu erwerbenden Gebietes
wäre auf 1,800.000 veranschlagt worden.

Graf B i s m a r k hätte diese Vorschläge wohl angehört, sich
aber durch keinerlei Zusage gebunden und dieselben endlich im Juni
1866 trotz mehrfacher, fast drohender Mahnungen des französischen
Botschafters, abgelehnt. Hierauf hätte nunmehr N a p o l e o n die Er-
reichung seines Planes von einem Siege Oesterreichs und der Niederlage Preussens erwartet. [1])

---

[1]) Nach einem Briefe des französischen Botschafters, den dieser an den
französischen Minister des Aeusseren, sogleich nach den ersten Enthüllungen dieser Art in den Times richtete, (29 Juli), wären die
obigen Angaben vollkommen entstellt, denn Graf B i s m a r k sei es selbst
gewesen, der vor und während des Krieges die Vereinigung Belgiens mit
Frankreich als Compensation für die Vergrösserung, die er für Preussen
im Auge hatte, vorschlug, — und der Entwurf des oben gegebenen
Allianzvertrages sei von B e n e d e t t i so zu sagen unter dem Dictate B i s -
m a r k's nicht vor dem Kriege, sondern nach demselben, nach-
dem nämlich Preussen seine ausserordentliche Vergrösserung bereits durchgeführt, zu Stande gekommen.

Ein Blick auf den Vertrag zeigt jedoch sogleich, da von der
Cession Venedigs, von der Einverleibung der Herzogthümer und dgl.
gesprochen wird, derselbe müsse schon vor dem Kriege zu Papier gebracht worden sein. Für die weiteren Behauptungen G r a m m o n t's in
seiner Depesche vom 4. August, in welcher die Worte B i s m a r k's citirt
werden, mit denen er dem Prinzen N a p o l e o n den Rath ertheilt,
F r a n k r e i c h möge B e l g i e n nehmen, da die Annexionspläne auf
die Rheinprovinzen an dem Widerstande Deutschlands scheitern würden,
und worin G r a m m o n t erklärt, weder über Belgien noch über einen anderen Gegenstand mit B i s m a r k irgend welche Unterhandlung eröffnet zu haben, wurden zwar auch keine schriftlichen Belege erbracht,
doch gewinnen dieselben an innerer Wahrscheinlichkeit durch eine vom
italienischen Capitaine Luigi C h i a l i in seinem Werke: „Una pagina
storica" gegebene, freilich nicht sehr authentische Darstellung der Verhandlungen B i s m a r k's mit dem Kaiser N a p o l e o n im Bade zu Biarritz,
Ende 1865. Darnach hätte N a p o l e o n die von B i s m a r k angeregten
Entschädigungsvorschläge mit sehr viel „Reserve" aufgenommen und nur
den Wunsch geäussert, dass Italien Venedig erwerbe und dass die
Wünsche der Dänen in Schleswig, mit ihrem Mutterlande wieder vereinigt zu werden, Berücksichtigung fänden. „Bismark", fährt C h i a l i
fort, „versprach dem Kaiser, Alles aufbieten zu wollen, um vom Könige
W i l h e l m ein Zugeständniss im Interesse des Nationalprincips zu erlangen, indem man Dänemark die nördlichen Bezirke von Schleswig zu-
rückgebe. Was sodann die Gebietsvergrösserung anbelangt, so erkenne
er vollständig die Gerechtigkeit der vom Kaiser ausgedrückten Reserve
an (l'equità delle riserve espresse d'all imperatore) und fügte hinzu, dass
er erforderlichen Falles mehr Preussen als Deutscher sein könnte, aber da
es unmöglich wäre, in dieser Hinsicht die „Vorurtheile" seines Souve-
rains zu besiegen, so sei es nothwendig, dass Frankreich eine Territo-
rialentschädigung in Belgien suche, wobei man Antwerpen an Holland
abtreten müsse, um die Opposition Englands zu neutralisiren."

Wie dem nun sei, alle diese Vorgänge deuten darauf, dass die
französische Regierung auch jetzt noch, sieben Jahre nach dem Kriege
in Italien, gegen Oesterreich ungünstig, ja feindselig gestimmt war,
und dass es in einem Kriege Italiens und Preussens gegen Oesterreich
die Gelegenheit ersah, unter dem Vorwande der Erhaltung des Gleichgewichtes territoriale Erwerbungen zu gewinnen, welche dem Wunsche
der Nation entsprachen, welche die Macht Frankreichs heben und
Letzteres endlich für die in den materiel fruchtlosen Kriegen in der
Krim, in Italien, China und Mexico gebrachten Opfer entschädigen
sollten.

„Sollen wir unser Missvergnügen kundgeben, weil Deutschland
die Verträge von 1815 unzureichend findet, seinen nationalen Wünschen zu genügen und seine Ruhe zu erhalten?" war auch einer der
Sätze des vorerwähnten Briefes des Kaisers vom 11. Juni 1866.

Gewiss — es konnte für Frankreich nur eine Genugthuung sein,
wenn diese „verhassten Verträge", die sich einst so furchtbar gegen
Frankreich aufgerichtet hatten, eine neue Schädigung, und zwar die
für Frankreich wünschenswertheste erlitten. Viel war diesen Verträgen schon abgerungen, Russland und Oesterreich waren gedemüthigt,
eine neue Grossmacht war in Italien geschaffen, die Donaufürstenthümer waren in ein selbständiges Verhältniss gebracht, aber Frankreich noch immer in die beengenden Grenzen gebannt, die ihm diese
Verträge gegeben, und jedem Gedanken einer Gebietserweiterung,
sei es gegen Belgien, sei es gegen den Mittelrhein, stand der ganze
durch die ihn stützenden Grossmächte militärisch überlegene deutsche
Bund entgegen. Wenn dieser nun sich innerlich zerfleischte, sich selber
durch einen grossen Krieg auf Jahre hin schädigte, und wenn namentlich
das von zwei Seiten bedrängte Oesterreich, das bisher stets mit seiner
ganzen Kraft die Integrität Deutschlands gegen Frankreich gewahrt,
nun wirklich aus dem Bunde zu scheiden gezwungen wurde, so hatte

---

Endlich vermehrt auch ein offener, an B i s m a r k gerichteter Brief
Stephan T ü r r's die Verdachtsgründe, dass alle jene Annectirungspläne,
mit deren Enthüllung der norddeutsche Bundeskanzler in die Oeffentlichkeit getreten, wenigstens zu einem guten Theile, der Initiative des
nunmehrigen Anklägers zuzuschreiben sind. T ü r r hatte im Juni 1866
eine Unterredung mit dem preussischen Premier, wobei ihm dieser gesagt haben soll: „Ach, wenn es nur der Kaiser N a p o l e o n wollte, so
wäre der Krieg (mit Oesterreich) leicht für uns; der Kaiser könnte sich
leicht Belgien nehmen und sogar auch Luxemburg und die Grenzen
Frankreichs reguliren. Ich habe das Alles dem Kaiser N a p o -
l e o n vorgeschlagen, er wollte aber darauf nicht eingehen.
Wenn Sie nach Paris kommen, bitte ich Sie, das Alles Sr. Hoheit dem
Prinzen N a p o l e o n zu sagen."

Frankreich gewiss keine Ursache, über diese Vorgänge Missvergnügen zu empfinden. Wie immer die Würfel in Deutschland fielen, so durfte Frankreich hoffen, als Preis für die Neugestaltung Deutschlands eine Grenzberichtigung zu seinem Vortheile zu erlangen. Doch die Entwicklung der Dinge entsprach nicht diesen Erwartungen, ja der französischen Politik sollte eine grossartige und überaus schmerzliche, den Stolz der Nation tief demüthigende Enttäuschung werden.

Der Krieg nahm schon beim Beginne eine für Oesterreich ungünstige Wendung; nach der Schlacht bei Königgrätz versuchte nun die französische Regierung, nachdem Oesterreich zur Abtretung Venetiens an Italien sich bereit erklärt, für die Einstellung der Feindseligkeiten zu wirken, und es kam in der That, zum Theil durch ihre Bemühungen und jene ihrer Botschafter an den kriegführenden Höfen, den Herzog von Grammont und Mr. de Benedetti, als das preussische Heer an der Donau angelangt, zum Abbruche des Krieges.

Wenn auch das Detail der Ansprüche, welche Frankreich schon damals an Preussen gestellt, bisher noch immer nicht aufgeklärt ist, so bleibt es doch gewiss, dass der französische Botschafter Mr. de Benedetti schon während der Waffenstillstands-Verhandlungen Ansprüche auf eine territoriale Entschädigung Frankreichs erhob.

Auch ist kein Zweifel, dass die Ansprüche des französischen Botschafters viel zum raschen Abschlusse der Verhandlungen mit Oesterreich beitrugen. Am 6. August bereits, also kurze Zeit nach Abschluss des Nikolsburger Vertrages, traf in Berlin eine Note des französischen Cabinets ein, in welcher dieses als Entschädigung für die Vergrösserung Preussens (unter der zur Zeit wohl nur der dauernde Gewinn der Elbeherzogthümer gemeint sein mochte) die Wiederherstellung der französischen Grenzen nach den Bestimmungen des ersten Pariser Friedens vom 30. Mai 1814 verlangte. Darnach hätte ein kleiner Theil des südlichen Belgien mit Marienburg und Philippeville, von Preussen Saarlouis und Saarbrücken, von Baiern endlich Landau und der Strich bis an die Lauter an Frankreich fallen sollen.

Doch diese Forderungen wurden abgewiesen. Frankreich verfügte zu dieser Zeit nach Abschlag der Truppen in Mexico, Algier und Rom über höchstens 300.000 Mann, während Preussen an 640.000 auf den Beinen hatte. Dabei waren die Streitkräfte Frankreichs nicht zum Kriege gerüstet, die Infanterie hatte keine Rückladegewehre und

Napoleon war somit durchaus nicht in der Lage, seinen Ansprüchen Geltung zu verschaffen.

Dem französischen Cabinet blieb daher nichts übrig, als neben der Schwächung Oesterreichs durch den Verlust Venetiens, sich mit den Zuständen zu trösten, die nunmehr in Deutschland geschaffen werden sollten. Kaiser Napoleon hoffte nämlich nicht nur Oesterreich aus dem deutschen Bunde entfernt, sondern diesen selbst in sich zerfallen zu sehen. Deutschland sollte nämlich, ohne Oesterreich, in einen international selbständigen Nord - und einen eben solchen Südbund sich scheiden. Kaiser Napoleon stellte eine derartige Gestaltung Deutschlands, mit der Bestimmung, dass Preussen nur durch die Elbeherzogthümer vergrössert werden solle, selbst in seinen Präliminar-Vorschlägen auf, und Preussen nahm dieselben nicht nur an, sondern machte sie auch in dem wirklichen Präliminar-Vertrage mit Oesterreich, obschon unter nicht unbedeutenden Cautelen, zu einem Gegenstande der Stipulationen. — Ein solches Deutschland, mit dem aus dem Bunde gewiesenen Oesterreich im Rücken, war, allem Anscheine nach, Frankreich gegenüber schwächer als der ehemalige deutsche Bund.

Doch sollten auch diese Voraussetzungen sich schliesslich nicht so günstig für Frankreich erfüllen.

Graf Bismark, während er die neue Gestaltung Deutschlands und den künftigen Einfluss Preussens auf dasselbe völlig harmlos hinzustellen bemüht war, und über Preussens Absichten bezüglich seiner eigenen Vergrösserung kein Wort verlor, wusste trotzdem dafür zu sorgen, dass nicht nur Preussen, sondern auch Deutschland ohne jede Einbusse an Kraft aus dieser Krisis hervorgehe. Die Worte „internationale Selbständigkeit" für den deutschen Südbund kamen in dem wirklich mit Oesterreich abgeschlossenen Präliminar-Vertrage von Nikolsburg [1]) nicht mehr vor.

Der Artikel II dieses Vertrages stipulirte weiters die Zustimmung Oesterreichs zur Neugestaltung Deutschlands, ohne die Betheiligung des Ersteren, sowie den Vorbehalt, der eine nationale Verbindung der Südstaaten mit dem Nordbunde lediglich von einer näheren Verständigung zwischen jenen und dem Letzteren abhängig machte.

Artikel V endlich anerkannte im Voraus die vom Könige von Preussen in Norddeutschland herzustellenden neuen Einrichtungen,

---

[1]) 26. Juli 1866.

einschliesslich der Territorial-Veränderungen. (Nur die Integrität des Königreichs Sachsen wurde eigens festgesetzt.) [1])

Da in solcher Art Oesterreich sich jedweder Einsprache in die inneren Angelegenheiten Deutschlands begab und die künftige Ordnung, welche Form sie auch annehmen mochte, in Vorhinein anerkannte, durfte Preussen nicht nur hoffen, ohne Einsprache und ohne alle Gefahr von Aussen, die im Norden Deutschlands niedergeworfenen Kleinstaaten sich völlig einzuverleiben und sich dadurch bedeutend zu vergrössern, sondern auch die deutschen Südstaaten in ein näheres Verhältniss zu sich zu bringen.

Allerdings hätte die nationale Verbindung zwischen diesen und dem Nordbunde nur eine lose und unter Umständen sehr precaire werden können, wenn Preussen die einzelnen Südstaaten sich selbst überlassen und der Bildung des Südbundes Zeit gegönnt hätte; doch Graf Bismark wusste diesen von allem Anbeginne überflüssig, ja unmöglich zu machen.

Ohne dass Oesterreich und das übrige Ausland es nur ahnten, schloss er nämlich, während die Friedens-Verhandlungen zu Prag noch im Zuge waren, [2]) mit Württemberg am 13., mit Baden am 17. und mit Baiern am 22. August einen geheimen Vertrag, der zwischen diesen Staaten und dem Königreiche Preussen zu gegenseitiger Garantie ein Schutz- und Trutzbündniss schuf und für den Fall eines Krieges die Streitkräfte dieser Staaten unter den Oberbefehl des Königs von Preussen stellte, dem Letzteren somit das Obercommando über die gesammte Militärmacht Deutschlands sicherte.

Die wenigen Zeilen dieses denkwürdigen Vertrages, der Alles, was sonst bisher diplomatisch geschehen, weit übertraf, blieben lange geheim.

In den Augen der Welt erschien Deutschland in zwei Theile gespalten, und man glaubte um so mehr die Entwicklung dieser dualistischen Form und das Inslebentreten des Südbundes mit der Zeit erwarten zu dürfen, als dieser im Prager Frieden [3]) neuerdings eine Stelle, dazu noch ausgestattet mit einer „internationalen und unabhängigen Existenz" gefunden hatte. Die Erwartungen aber trafen begreiflicher Weise nicht ein; denn Staaten, von denen jeder für sich die gesammten eigenen Streitkräfte im Kriegsfalle vertragsmässig dem Oberbefehle

---

[1]) Im Prager Frieden, Artikel VI.
[2]) Unterzeichnet am 23., ratificirt und ausgewechselt am 30. August 1866.
[3]) Artikel IV.

eines, ausserhalb des Systems stehenden Machthabers zu überliefern hatte, konnten einen solchen Bund oder „Verein", wie er im Prager Friedens-Tractate genannt wird, nicht mehr schliessen.

Durch die erlangte Macht über die Streitkräfte Gesammtdeutschlands gegen jede Einsprache von Aussen gesichert, konnte Preussen ungehindert seine Vergrösserungs-Absichten durchführen und Hannover, Kurhessen, Nassau, Frankfurt a. M. sowie andere kleinere Gebietstheile sich einverleiben, und zwar die eben genannten Territorien schon drei Wochen nach Ratification des Prager Friedens, mittelst des Gesetzes vom 20. September 1866, Schleswig-Holstein aber mittelst des Patentes vom 12. Jänner 1867. Es gewann dadurch 1306 Quadratmeilen und mehr als drei Millionen Einwohner, so dass Preussen nunmehr 6394 Quadratmeilen mit 23.590.639 Seelen umfasste und, als starkes Centrum für ganz Deutschland, die Hegemonie über dasselbe durch die Schöpfung des Nordbundes und die Militärconventionen mit den Südstaaten sich dauernd sichern konnte. [1])

Alle diese tiefgreifenden Veränderungen gingen ohne irgend welche Einsprache der Neutralen vor sich.

Russland und England waren völlig passiv verblieben und auch Frankreich, welches sich ausser Stande sah, seine in der vorgedachten Note vom 6. August aufgestellten, von Graf Bismark aber zurückgewiesenen Compensations-Forderungen durchzusetzen, musste im damaligen Augenblicke die Vorgänge mit Schweigen hinnehmen. Ja der Oeffentlichkeit gegenüber gab sich die Regierung den Anschein, als stünde sie dieser neuesten Wendung nicht unfreundlich gegenüber, vermochte aber das im französischen Volke einmal wachgerufene Misstrauen um so weniger zu beschwichtigen, als auch bald durch die Ereignisse auf einem anderen Schauplatze — in M e x i c o — der französische Nationalstolz sich verletzt fühlen musste.

Die Unternehmung in Mexico, welche sechs Jahre hindurch die Kräfte Frankreichs in Anspruch genommen, schlug fehl.

---

[1]) Auch in finanzieler Beziehung erfuhr Preussen in diesem Kriege keine Schädigung.

So musste das zum Nordbunde geschlagene Sachsen, welches auch im Frieden die Festung Königstein unter preussischem Commando zu belassen verpflichtet wurde, eine Kriegskostenentschädigung von 10 Millionen Thalern, Baiern von 30, Würtemberg von 8, Baden von 6, Frankfurt a. M. von über 5 ½, Hessen-Darmstadt von 3 Millionen Gulden, — Oesterreich, nach Abschlag seiner für den Krieg gegen Dänemark noch restirenden Forderung von 15 Millionen und der auf 5 Millionen veranschlagten freien Verpflegung der preussischen Armee bis zum Friedensschlusse, 20 Millionen Thaler zahlen. Im Ganzen betrugen die Kriegscontributionen bei 55 Millionen Thaler. Der Krieg kostete Preussen etwas über 108 Millionen Thaler.

Die nordamerikanische Union ging nach vierjährigem Kampfe siegreich aus ihren Wirren hervor, und als sie von Frankreich die Räumung Mexico's verlangte, sah sich dieses genöthigt, der Forderung nachzukommen. Die französischen Streitkräfte unter Bazaine, welche in beständigen Kämpfen gegen die republikanische Partei den im Juni 1864 aufgerichteten Thron des Kaisers Maximilian zu stützen gesucht, verliessen im Februar 1867 den mexikanischen Boden und überliessen den Kaiser seinem sich nur zu bald erfüllenden tragischen Geschicke. [1]

In unmittelbarer Folge des unglücklichen Ausganges dieser Expedition, welche namentlich grosse Opfer an Geld verschlungen, erhoben die oppositionelen Parteien des Landes nun kühner das Haupt. Ihre Leiter, wie Thiers und Jules Favre, ergriffen begierig die Gelegenheit, die ganze innere und äussere Politik der Regierung heftig anzugreifen.

Vergebens suchte die Regierung, die ihre mexicanische Politik, besonders nach ihren Misserfolgen, nicht so leicht vertheidigen konnte, wenigstens die Lage Frankreichs dem neuen Deutschland gegenüber möglichst günstig darzustellen. Man wies auf den Vortheil hin, dass Oesterreich nun Deutschland entfremdet sei und dieses in sich zerrissen, ohne Centralgewalt dastehe; von officieler Seite ausgegebene Karten sollten verständlich machen, dass Frankreich von diesem

[1] Ausbruch des nordamerikanischen Bürgerkrieges, 1861.
Präsident der Union: Abraham Lincoln seit 1860.
Erklärung der Unabhängigkeit der conföderirten Südstaaten unter Jefferson Davis, 18. Februar 1861.
Einnahme von Fort Sunter bei Charlestown durch die Conföderirten, 14. April 1861.
Sieg der Conföderirten bei Bull-Run, 1861; bei Richemond 26. Juni bis 3. Juli 1862.
Niederlage der Conföderirten bei Frederiksburg, 2. Dec. 1862.
Abschaffung der Sclaverei durch Lincoln, 1. Jänner 1863.
Einnahme von Vicksburg durch die Unionisten unter Grant, 4. Juli 1863.
Einnahme von Richemond und Petersburg durch die Unionisten unter Grant und Sherman, 3. April 1865. Waffenstreckung Lee's mit dem virginischen Heere vor Grant, Johnston's mit der Südarmee vor Sherman.
Convention zu London in Betreff der Expedition nach Mexico, 31. October 1861.
Besetzung von Vera-Cruz und des Forts San Juan d'Ulloa, December 1861 und Jänner 1862.
Vertrag von La Soledad mit Juarez, 19. Februar 1862.
Sieg der Republikaner bei Puebla, Mai 1862.
Sieg der Franzosen unter Forey bei Puebla, Mai 1863.
Ankunft des Kaisers Maximilian, Juni 1864.
Kaiser Maximilian in Queretaro erschossen, 19. Juni 1867.

Deutschland weniger bedroht sei, als von dem früheren deutschen
Bunde mit seinen zwei Grossmächten. In einem im Namen des Kaisers erlassenen Rundschreiben Lavalette's an die französischen
diplomatischen Agenten im Auslande äusserte sich dieser über die
neu geschaffene europäische Lage unter Anderem: „Die geringste
Schwierigkeit, die wir mit Holland oder mit Preussen an der Mosel,
mit Deutschland am Rhein, mit Oesterreich in Tirol oder Friaul
haben konnten, bot alle vereinigten Kräfte des Bundes gegen uns
auf...... Frankreich hatte vierzig Jahre lang die Coalition der drei
nordischen Mächte gegen sich. Diese Coalition ist jetzt gebrochen;
die Freiheit der Allianzen ist das neue Princip. Ein vergrössertes,
nunmehr aller Solidarität lediges Preussen sichert die Unabhängigkeit Deutschlands. Frankreich braucht daran keinen Anstoss zu nehmen. Stolz auf seine wundervolle Einheit, auf seine unverwüstliche
Nationalität, kann es das eben vollzogene Assimilirungswerk weder
bekämpfen und bedauern, noch die Principien der Nationalität, die es
in Bezug auf die Völker vertritt und verkündigt, eifersüchtigen
Empfindungen unterordnen. Ist einmal das Nationalgefühl Deutschlands befriedigt, so schwinden dessen Besorgnisse und erlischt
dessen Feindschaft. Indem es Frankreich nachahmt, thut es einen
Schritt, der es nicht von uns entfernt, sondern uns nähert." Im
weiteren Verlaufe des Schreibens wurde noch hervorgehoben, dass
„ein stärker constituirtes, durch schärfer bestimmte Gebietseintheilun-
gen gleichartigeres Europa eine Bürgschaft des Friedens für den Con-
tinent und weder eine Gefahr noch ein Schaden für Frankreich sei.
Frankreich zähle mit Algerien bald 40 Millionen Einwohner, Deutschland 37, wovon 29 in dem Nord- und 8 in dem Südbunde, Oesterreich 35, Italien 26, Spanien 18; was vermöchte also Frankreich bei
dieser Vertheilung der europäischen Streitkräfte zu beunruhigen?"

Am Schlusse dieses Schreibens wurde aber mit Rücksicht auf
die in der Bevölkerung herrschende Stimmung gesagt, der Aufregung
Frankreichs liege immerhin ein berechtigtes Gefühl zu Grunde, das
Gefühl der Nothwendigkeit, dass die militärische Organisation Frankreichs unverzüglich vervollkommt und auf
diese Weise der Rang und der Einfluss der französischen Nation in
der Welt unangetastet bewahrt werde. In einer solchen Organisation
liege keine Kriegsdrohung. Von dem hohen Standpunkte aus, von
welchem die kaiserliche Regierung die Geschicke Europa's überschaue,
erscheine ihr der Gesichtskreis frei von Eventualitäten.....

In ähnlichem Sinne sprach sich auch der Kaiser selbst aus, gelegentlich der Eröffnung des gesetzgebenden Körpers am 14. Februar 1867.

Mit Bezug auf die grossen Veränderungen in Deutschland und Italien, welche er als „die Verwirklichung des umfassenden Programms der Einigung der europäischen Staaten in einer einzigen Conföderation" bezeichnete, äusserte sich die Thronrede: „Das Schauspiel der Anstrengungen der benachbarten Völker, um ihre seit so vielen Jahrhunderten zerstreuten Glieder zu sammeln, kann ein Land, wie das unserige, dessen sämmtliche Theile unwiderruflich untereinander verbunden sind und einen gleichartigen unzerstörbaren Körper bilden, nicht beunruhigen."

Von Interesse ist auch die auf Mexico bezügliche Stelle dieser Rede, welche als den die Expedition veranlassenden „grossen Gedanken" die „Wiedergeburt des mexicanischen Volkes" bezeichnet und schliesslich sagt: „Allein an dem Tage, an welchem mir das Maass unserer Opfer die Interessen, welche uns über den Ozean geführt hatten, zu übersteigen schien, habe ich mich aus freiem Antriebe dazu entschlossen, unser Armeecorps zurückzuberufen."

Vom gleichen Geiste waren auch die Tags darauf im gesetzgebenden Körper zur Vorlage gebrachten diplomatischen Actenstücke des Blaubuches durchweht. Wir heben aus selben einige der markanteren Stellen aus...... „In Deutschland wie in Italien brach das Gebäude von 1815 zusammen. Frankreich erwartete längst den Sturz desselben und es braucht sich nicht zu betrüben, dass es ihn sich vollziehen sah. Dieses Ergebniss wurde erreicht, ohne dass wir zum Schwert zu greifen brauchten. Die kaiserliche Regierung muss sich hiezu Glück wünschen; denn indem sie dem französischen Volke die Wohlthaten des Friedens erhielt, entsprach sie den damals laut und allgemein ausgesprochenen Wünschen der öffentlichen Meinung..... Wer könnte behaupten, dass Frankreich nicht den klügsten Theil erwählt hat, indem es seine Kräfte spart und zu dem militärischen Prästigium, das es unangreifbar macht, noch das jener hohen Mässigung fügte, welche unter der kaiserlichen Regierung so viel dazu beigetragen hat, unseren Einfluss in der Welt zu erhalten und zu vermehren? Die deutsche Bundesverfassung hatte aufgehört, den durch den gegenwärtigen Lauf der Dinge entwickelten Ideen und Ansprüchen zu genügen. Durch starke Vereine untergraben, ohne Autorität auf den Geist der Massen, hatte sie selbst den vollkommenen Beistand der Regierungen verloren, die gleichwohl ein Interesse

2*

hatten, ihre Selbstständigkeit unter den Schutz der herrschenden Institutionen zu stellen. . . . ,. Was die süddeutschen Staaten betrifft, so verständigten sie sich (bei den Friedensunterhandlungen) schnell mit dem Berliner Cabinet. Württemberg und Baden hatten kein Opfer an Gebiet zu bringen. Baiern, einen Augenblick von beträchtlichen Verlusten bedroht, trat nur unbedeutende Districte ab. Uebrigens behielten die Südstaaten das absolute Recht, zu bestimmen, welche Beziehungen zwischen ihnen selbst und zwischen ihnen und dem norddeutschen Bunde walten sollen."

Der Kaiser ahnte damals, ein halbes Jahr darnach, noch nichts von den Augustverträgen, welche die Streitkräfte der deutschen Südstaaten dem Könige von Preussen im Kriegsfalle zur Verfügung stellten. Nichtsdestoweniger befand sich der Kaiser in keiner Täuschung über die materielen Mittel, über welche Preussen nunmehr zu verfügen hatte, wie die Absicht Napoleon's, durch eine neue Militärorganisation der Wehrkraft Frankreichs eine Steigerung zuzuführen, mit Recht vermuthen lässt. In der vorerwähnten Thronrede nämlich wurde auch ein Gesetzvorschlag über die Reform des Heeres 'angekündigt und hiebei gesagt: „Der Einfluss einer Nation hängt von der Zahl der Menschen ab, die sie unter die Waffen rufen kann. Vergessen Sie nicht, dass die Nachbarstaaten sich sehr schwere Opfer auferlegen für eine gute Heerverfassung; sie haben ihre Augen auf uns geheftet, um aus Ihren Beschlüssen zu beurtheilen, ob der Einfluss Frankreichs in der Welt wachsen oder sich vermindern wird."

Doch fand diese neue Heeresorganisation, als in den letzten Wochen des Februar der Entwurf derselben in den Blättern veröffentlicht wurde, im Volke nur geringen Anklang. Die Stimmung im Lande zeigte sich einer so ansehnlichen Vermehrung der Armee und hauptsächlich der Einführung der allgemeinen Wehrpflicht wie der Abschaffung des Loosens und der Stellvertretung nicht geneigt. Da nach den Berichten aus den Departements auch die Bauern gegen die neue Militärorganisation waren und selbst die Imperialisten im gesetzgebenden Körper dem Plane ungünstig gestimmt schienen, demnach eine Verwerfung der Gesetzvorlage bevorstand, so wurde diese gar nicht eingebracht, sondern durch einen Entwurf ersetzt, der auf keine so allgemeine Opposition stiess.

Das gegen die Expansionsgelüste Preussens, welche die politischen Verhältnisse Europa's gänzlich zu verrücken drohten, einmal wachgerufene Misstrauen des französischen Volkes konnte zwar scheinbar für Augenblicke schwinden, trat dann aber um so stärker bei dem leisesten Anlasse wieder zu Tage. So ergriff der greise Staatsmann und Geschichtschreiber T h i e r s am 14. März 1867 im gesetzgebenden Körper anlässlich der Discussion über die jüngsten Veränderungen in Deutschland und Italien die Gelegenheit, um in einer vierstündigen Rede die Politik der Regierung anzugreifen und die Haltung derselben während des Krieges 1866 als einen s c h w e r w i e g e n d e n F e h l e r zu bezeichnen. Hätte Frankreich, meinte T h i e r s, für den deutschen Bund Partei ergriffen, dann wäre Italien ruhig verblieben und Preussen würde vereinzelt keinen Angriff auf Oesterreich gewagt haben. Er befürworte zur Sicherung des Friedens eine Allianz Frankreichs mit England, welcher sich Oesterreich, Belgien, Holland, Portugal und Skandinavien anschliessen würden. Mehrere andere einflussreiche Deputirte suchten übrigens T h i e r s zu widerlegen und bei der Abstimmung erklärte der gesetzgebende Körper mit 219 gegen 45 Stimmen über die Interpellation T h i e r s' zur Tagesordnung überzugehen.

Trotz dieser Haltung des Corps legislatif verfehlte die Rede eines Mannes von der Bedeutung T h i e r s' nicht, in Deutschland einen mächtigen und nachhaltigen Eindruck hervorzurufen. Die preussische Regierung, welche noch am 24. Februar gelegentlich der Eröffnung des ersten norddeutschen Parlaments dem Könige W i l h e l m Worte in den Mund gelegt, die von grosser politischer Mässigung zeigten, d i e d e r B u n d e s g e n o s s e n s c h a f t d e r d e u t s c h e n S t a a t e n e i n e n w e s e n t l i c h d e f e n s i v e n C h a r a k t e r v i n d i c i r t e n, die des Strebens nach etwaigen Gebiets-Erweiterungen mit keiner Sylbe gedachten, die vielmehr „die Ordnung der nationalen Beziehungen des norddeutschen Bundes" zu den Landsleuten im Süden des Main noch immer als „d e m f r e i e n U e b e r e i n k o m m e n b e i d e r T h e i l e" anheimgegeben darstellten, die endlich insbesondere den Accent legten auf „die wohlwollende Haltung der mächtigsten europäischen Staaten, welche ohne Besorgniss und ohne Missgunst Deutschland von denselben Vortheilen eines grossen staatlichen Gemeinwesens Besitz ergreifen sehen, deren sie sich ihrerseits seit Jahrhunderten erfreuen," — glaubte jetzt diese Rede T h i e r s' als eine Herausforderung betrachten zu sollen und mit einer entschiedenen Demonstration nicht säumen zu dürfen. Die Demonstration erfolgte auch — d u r c h d i e V e r ö f f e n t l i c h u n g d e r b i s d a h i n s o s o r g f ä l t i g v e r h e i m l i c h t e n A l l i a n z v e r - t r ä g e z w i s c h e n d e m N o r d b u n d e u n d d e n S ü d s t a a t e n.

Die officiele bairische Zeitung und der preussische Staatsanzeiger eröffneten am 10. März 1867 den Reigen der Publicationen, indem sie einen Zusatzartikel zum bairisch-preussischen Frieden vom 22. August 1866 bekannt machten, wornach Baiern und Preussen sich gegenseitig ihr Gebiet garantirten und in ein Schutz- und Trutzbündniss traten. Nun folgten auch bald die württembergischen und badischen Blätter mit der Veröffentlichung gleichlautender, ein Schutz- und Trutzbündniss involvirender Zusatzartikel zu den Friedensschlüssen Württembergs und Badens vom 13. bezüglich 17. August mit Preussen. In officielen Kreisen, in Frankreich wie in Deutschland, war man zwar bemüht, diesen Publicationen jede Schärfe zu nehmen. Das französische Cabinet erklärte, durch dieselben nicht im Mindesten überrascht zu sein, da ihm schon im September 1866, nach dem Rücktritte des österreichisch gesinnten Ministers Drouyn de Lhuys, Mittheilungen über das Bestehen dieser Verträge, mit der Bitte um Geheimhaltung, gemacht worden wären, — was übrigens, nach der damaligen Situation zu urtheilen, bezweifelt werden darf. Die Berliner ministerielen Stimmführer wieder suchten die Ursache dieser Veröffentlichungen vorwiegend in der Absicht der preussischen Regierung, das norddeutsche Parlament über das Verhältniss zu Süddeutschland zu beruhigen. Die öffentliche Meinung liess sich aber durch diese Darstellungen nicht irre führen, und wie man in Deutschland aller Orten der Auffassung huldigte, wonach man in der Publication der Allianzverträge in jenem Momente eine Demonstration gegen französische Angriffsgelüste erkennen wollte, so wurde anderseits dem Argwohne des französischen Volkes gegen die ehrsüchtigen Strebungen Preussens neue Nahrung zugeführt, und es hätte nicht viel gefehlt, so wären die beiden rivalisirenden Mächte in Folge eines unerwarteten Zwischenfalles schon damals hart aneinander geprallt.

Kaiser Napoleon III., der trotz allen vor der Welt zur Schau getragenen Gleichmuthes innerlich die Nothwendigkeit fühlte, Frankreich, zur Beschwichtigung der über den Machtzuwachs Preussens erregten Gemüther, eine Entschädigung zu bieten, stand nämlich schon seit einiger Zeit mit dem Könige von Holland in Unterhandlungen, betreffs des Ankaufs des Grossherzogthums Luxemburg, [1]) die am 22. März 1867 schon bis zur Paraphirung des Cessionsvertrages, der am 5. April hätte unterzeichnet werden sollen, gediehen waren, als plötzlich der preussische Gesandte im Haag

---

[1]) Auf die schon in früheren Perioden stattgefundenen, auf den Erwerb Luxemburgs abzielenden Verhandlungen wurde bereits an der Stelle hingewiesen, wo von den Enthüllungen Bismark's über die durch Benedetti vermittelten Vorschläge Napoleon's die Rede war.

am 25. März gegen diese Unterhandlungen Protest einlegte.

Preussen stellte die Behauptung auf, dass eine Besitzveränderung Luxemburgs, welches als Bestandtheil des aufgelösten deutschen Bundes als deutsches Gebiet um so mehr zu betrachten sei, da Preussen daselbst noch immer das schon 1815 erworbene Besatzungsrecht ausübe, nicht durch einseitige Abmachungen zwischen Frankreich und Holland und ohne Zustimmung der übrigen Grossmächte vorgenommen werden dürfe [1]). Zugleich wuchs auch in Deutschland die Aufregung, als die ernsten Absichten Napoleon's auf Luxemburg bekannt wurden. Auf eine bezügliche Interpellation im norddeutschen Parlamente erklärte der Bundeskanzler, Luxemburg habe nach Auflösung des deutschen Bundes keine Neigung gezeigt, sich dem neuen norddeutschen Bunde anzuschliessen. Im October 1866 sei aus dem Haag eine

---

[1]) Luxemburg oder Lützelburg (d. i. die kleine Burg) wurde im Mittelalter von Grafen regiert, deren einer, Heinrich VII., zum deutschen Kaiser erwählt, das Haus der Luxemburger gründete. Der luxemburgische Kaiser Carl IV. erhob die Grafschaft 1354 zu einem Herzogthume; die luxemburgische Prinzessin Elisabeth verkaufte das Land 1462 an die Herzoge von Burgund; durch Vermählung Maria's, der Erbin von Burgund, mit dem Erzherzoge Maximilian, kam Luxemburg 1477 an das Haus Habsburg. Im pyrenäischen Frieden 1659 musste ein Theil an Frankreich abgetreten werden; der übrige Theil blieb habsburgisch, bis die Franzosen 1797 das ganze Land eroberten und ihrem Reiche einverleibten. Der Wiener Congress erhob Luxemburg zum Grossherzogthum und theilte dasselbe dem Könige Wilhelm I. der Niederlande zu, als Entschädigung für seine nassauischen Erblande; zugleich wurde das Grossherzogthum dem deutschen Bunde einverleibt. Im Jahre 1839 trat der König der Niederlande 80 Quadratmeilen mit 206.000 Einwohnern an das Königreich Belgien ab; der Rest, 46 Quadratmeilen mit 206.000 Einwohnern, blieb mit der Hauptstadt Luxemburg unter dem Könige von Holland bei Deutschland. Das Besatzungsrecht in der Festung Luxemburg soll Preussen — nach Dr. Ghillany, dessen „Chronik" die vorstehenden Notizen entnommen sind — schon vor der Gründung des deutschen Bundes durch einen Vertrag vom 31. Mai 1815 erworben haben und dasselbe durch spätere Verträge näher bestimmt worden sein. Der Artikel 5 des Vertrages vom 8. November 1816 sagt: „Se. Majestät der König der Niederlande, Grossherzog von Luxemburg, treten Sr. Majestät dem Könige von Preussen das Recht ab, den Gouverneur und Commandanten dieses Platzes zu ernennen. Sie bewilligen, dass sowohl die Besatzung überhaupt, als jede Waffengattung insbesondere, in drei Viertheilen aus preussischen und einem Viertheile aus niederländischen Truppen bestehen soll." Weiters stützte die preussische Regierung ihr Besatzungsrecht auf den Umstand, dass ihr der Herzog von Nassau auf seine Souveränetätsrechte abgetreten hatte. Laut eines am 27. Juni 1839 zu Wiesbaden zwischen der holländischen (ottonischen) und nassauischen (walram'schen) Linie des Hauses Nassau-Uranien abgeschlossenen Vertrages, behielt sich der Herzog von Nassau auf den nicht an Belgien abgetretenen Theil von Luxemburg alle durch die Bestimmungen des Wiener Congresses verbürgten Rechte vor, und Preussen erklärte, dass es jetzt in diese Rechte eingetreten sei.

Depesche in Berlin eingetroffen, welche sich nachzuweisen bemühte, dass Preussen kein Recht mehr habe, in Luxemburg eine Garnison zu halten. Unter solchen Verhältnissen habe die preussische Regierung wenig Lust gehabt, dieses, einem fremden Souverain unterthänige Land von zweifelhafter Anhänglichkeit an Deutschland zum Eintritte in den norddeutschen Bund einzuladen. Die Erfahrungen, welche man in dieser Beziehung im früheren Bunde gemacht habe, seien lehrreich genug gewesen, um die Regierung abzuhalten, eine ähnliche Einrichtung auf den norddeutschen Bund zu übertragen. Was den Ankauf des Landes von Seiten Frankreichs anbelange, so habe die preussische Regierung keinen Anlass, anzunehmen, dass ein Beschluss über das künftige Schicksal des Grossherzogthums bereits erfolgt sei; freilich könne sie auch nicht das Gegentheil mit Bestimmtheit versichern. Sie wisse nur so viel gewiss, dass der König von Holland vor einigen Tagen den preussischen Gesandten im Haag befragt habe, wie die preussische Regierung es auffassen würde, wenn der König sich der Souverainetät über das Grossherzogthum entäusserte? Der Gesandte sei angewiesen worden, hierauf zu antworten, die preussische Regierung fühle keinen Beruf, sich im gegenwärtigen Augenblicke über diese Frage zu äussern; sie müsse sich, bevor dies geschehen könne, jedenfalls darüber unterrichten, wie die Sache von ihren Bundesgenossen, von der öffentlichen Meinung in Deutschland, die gegenwärtig im norddeutschen Parlamente ihren Ausdruck finde, und von den Unterzeichnern der Verträge von 1839 aufgenommen werde. Die holländische Regierung habe der preussischen auch ihre guten Dienste bezüglich der von ihr vorausgesetzten Verhandlungen über Luxemburg mit dem französischen Cabinet angeboten: preussischerseits sei geantwortet worden, man sei nicht in der Lage, von diesen Diensten Gebrauch zu machen, da keine Verhandlungen über diesen Gegenstand mit Frankreich bestünden. Graf B i s m a r k schloss mit dem Ausdrucke der Hoffnung, d a s A u s l a n d w e r d e z w e i f e l l o s e R e c h t e D e u t s c h l a n d s a u f d e u t s c h e s G e b i e t a n e r - k e n n e n, und es werde der Regierung möglich werden, diese Rechte zu schützen, ohne dass die bisherigen freundschaftlichen Beziehungen zu Frankreich gestört würden. —

Auf eine im gesetzgebenden Körper zu Paris vom Minister des Auswärtigen d e M o u s t i e r abgegebene Erklärung, welche die Erwerbung Luxemburgs für Frankreich nur mit der Einwilligung des Königs von Holland, mit der Zustimmung des Volkes und nach loyaler Prüfung der grossmächtlichen Interessen, sowie der Erhaltung des Friedens in Aussicht stellte, erhob sich wieder T h i e r s, der auf die erregte Stimmung im Lande und auf die „Frankreich beleidigende Haltung Preussens" hinwies.

Es gelang aber glücklich, den Krieg, wenigstens vor der Hand, zu vermeiden und die Angelegenheit der Diplomatie zu überweisen. Das französische Cabinet stellte in einer Circularnote an die Garanten der Verträge von 1839 die Aufforderung, nachdem in jenen Verträgen die vollständigste Souverainetät dem Könige von Holland zuerkannt sei, Preussen zu veranlassen, dass es seine Besatzung aus Luxemburg zurückziehe, — worauf Preussen seine Gesandten anwies, die Ansichten der garantirenden Mächte über die Verträge von 1839 zu vernehmen.

Trotz der diplomatischen Negociationen schien man auf der einen wie auf der anderen Seite auf ernstere Eventualitäten sich gefasst zu machen, denn schon Mitte April vermochte Frankreich seine Kriegsrüstungen nicht mehr zu verheimlichen und während die Forts von P a r i s in Vertheidigungszustand gesetzt, M e t z vollständig armirt, dessen Alleen auf dem Deutschland zugekehrten Glacis der Festung rasirt wurden und überdies H o l l a n d und D ä n e m a r k sich zum Kriege rüsteten, verabsäumte auch Preussen seine Vorbereitungen nicht und setzte M a i n z in Vertheidigungszustand.

Einen hervorragenden Antheil an der Erhaltung des Friedens wird man der in beiden Ländern mit Macht zum Ausdrucke gebrachten friedlichen Stimmung eines grossen Theiles der Bevölkerung zuschreiben müssen. Namentlich die französischen Regierungskreise mögen durch die entschiedene, willenskräftige Haltung der Opposition im gesetzgebenden Körper, der Arbeiter und der Studenten, in ihren weiteren Schritten einer gemässigteren Auffassung der Sachlage zuzuneigen sich veranlasst gefühlt haben. Und auch in Deutschland, obwohl man hier sehr viel Selbstbewusstsein zur Schau zu tragen sich bemühte und im Parlamente, wie in der Presse wiederholt das Preisgeben Luxemburgs perhorrescirte und die Besetzung der Festung durch preussische Truppen als eine unerlässliche Bürgschaft für die Sicherheit der deutschen Grenze erklärte, überwogen doch die Stimmen jener, die zum Frieden mahnten, weil ein Krieg mit Frankreich über alle Maassen schädigend auf alle Erwerbs- und Handelsverhältnisse rückwirken müsste.

Während daher die officiösen Blätter, hüben wie drüben, die Fehden fortsetzten, in Paris als Conditio sine qua non der Erhaltung des Friedens die Räumung Luxemburgs von Seite der Preussen aufgestellt, von den Letzteren dagegen „in Deutschlands Namen" an dem

Status quo ante festhalten zu wollen erklärt wurde, — erliessen die
französischen Arbeiter und die Pariser und Strassburger Studenten Frie-
densadressen an das deutsche Volk und entsandte die Opposition des
gesetzgebenden Körpers einige ihrer bedeutenderen Glieder nach Berlin,
um daselbst die Friedensliebe des französischen Volkes zu manifestiren.

Ende April trat hierauf zur Begleichung der luxemburgischen
Streitfrage auf den Vorschlag des russischen Cabinets eine Conferenz
in London zusammen, an der sich nebst den Londoner Gesandten der
Grossmächte, unter welchen auch zum ersten Male Italien figurirte,
auch jene Hollands und Belgiens betheiligten. Dieser Conferenz gelang es auch, das internationale Verhältniss Luxemburgs auf den
Grundlagen der Neutralität zu regeln. Nach dem Beschlusse des am
11. Mai unterzeichneten Protokols musste sich nun Preussen zur
Räumung der Festung verstehen; Luxemburg blieb unter der Regierung des Königs von Holland; Frankreich verzichtete auf die Erwerbung; die Grossmächte garantirten die Neutralität des Luxemburger Gebietes; die Festungswerke endlich mussten geschleift
werden.

Dieser diplomatische Misserfolg Preussens übte seine beruhigende
Rückwirkung auf jene Parteien, welche mit erklärlicher Eifersucht
das Wachsen des preussischen Einflusses im Rathe der europäischen
Mächte beobachteten, wie auch namentlich auf die französische Regierung selbst, die in der Aufrechthaltung des französischen Prestige eine
Existenzbedingung erblicken musste. Nur mit einer imponirenden
äusseren Politik, nur mit einem dem Nationalcharakter schmeicheln-
den, glänzenden Auftreten nach Aussen, vereint mit der Hebung des
materielen Wohlstandes, vermochte der Kaiser den Massen einen Ersatz für den Entgang bürgerlicher Freiheiten zu bieten und den Strebungen der Orleanisten und hauptsächlich dem gefährlichen Drängen
der Republikaner den Boden zu entziehen. Er gab sich darum auch
keiner Täuschung hin über die Nachhaltigkeit des mehr negativen, vor-
übergehenden Erfolges in der luxemburgischen Angelegenheit und
machte sich auch gefasst, dem mit der Zeit unvermeidlichen höheren
Anschwellen der feindlichen, den Kaiserthron unterspülenden Strö-
mung im Innern, durch eine glückliche Unternehmung nach Aussen
begegnen zu müssen.

In dieser Absicht wandte er vor Allem sein Augenmerk auf die
Heeresorganisation, deren Umgestaltung schon unmittelbar nach Been-
digung des preussisch-österreichischen Krieges in Angriff genommen

worden war, bisher aber noch immer vornehmlich aus dem Grunde zu
keinem endgiltigen Ergebnisse geführt hatte, weil die besitzenden
und unterrichteteren Stände sich gegen die Verwirklichung der allgemeinen Wehrpflicht, wie schon an einer früheren Stelle erwähnt, sehr
ablehnend verhielten. Am 7. März wurde ein neuer Gesetzentwurf
zur Vorlage gebracht, der die allgemeine Wehrpflicht für die Linie
nicht beantragte, sondern die Stellvertretung gestattete. Die Dauer
der Dienstzeit in der activen Armee (im stehenden Heere) war auf
fünf Jahre festgesetzt, nach welchen noch vier Dienstjahre in der
Reserve folgten. Wer nicht in die active Armee eintrat, sollte vier
Jahre in der Reserve und fünf Jahre in der mobilen Nationalgarde
dienen. Jede zum Militärdienste berufene Altersclasse wurde nach
dem Loose in zwei Hälften getheilt; die erste Hälfte trat in die active
Armee, für sie war jedoch der Ersatz durch die Stellvertretung gestattet; die zweite Hälfte trat in die Reserve, für welche der Loskauf nicht
erlaubt war. Leute dieser Kategorie konnten sich nur durch einen
Mann unter 32 Jahren vertreten lassen, der aller gesetzlich aufer-
legten militärischen Verbindlichkeiten ledig war. Die mobile Nationalgarde, deren Dienstzeit fünf Jahre währte, wurde aus den jungen
Leuten gebildet, die ihre Reservedienstzeit zurückgelegt hatten; auch
solche, welche sich vom Dienste in der activen Armee und von der
Reserve durch den Loskauf, bezüglich durch Stellung eines Ersatz-
mannes freigemacht hatten, waren zum Dienste in der mobilen Nationalgarde verbunden. Diese hatte die Bestimmung zum Dienste im
Innern des Landes und wurde nach den verschiedenen Departements
organisirt. Die Verheiratung war den mobilen Nationalgardisten,
ohne besondere Erlaubniss, bedingungslos gestattet. Die gesammten
Streitkräfte Frankreichs sollten von 700.000 auf 800.000 Mann gebracht werden, nämlich 400.000 Mann active Armee und 400.000 Mann
Reserve; überdies sollte noch die mobile Nationalgarde einen Stand
von 3 — 400.000 Mann umfassen.

Doch auch die Durchführung dieses modificirten Entwurfes stiess
abermals auf Schwierigkeiten, da namentlich aus den Arbeiterkreisen
zahlreiche Petitionen an den Kaiser gerichtet wurden, in denen es unter Anderem hiess: „Wir können eine so schwere Last wie die allgemeine Wehrpflicht nicht tragen. Das flache Land ist schon ent-
völkert, dem Ackerbau mangeln die Hände; wir können unsere Kin-
der nicht entbehren! Das vorgeschlagene Gesetz erfüllt uns mit
Schmerz und Schrecken; unsere Grenzen sind ja nicht bedroht; wäre dies der Fall, wir würden uns Alle in Masse erheben."

In diesen und ähnlichen Emanationen offenbarte sich auch die den grossen Massen innewohnende Friedensliebe, durch welche die mehrfach erhobenen Anschuldigungen, die das französische V o l k in seiner G e s a m m t h e i t des Chauvinismus und der Eroberungsgelüste zeihen, wohl zum Theile widerlegt werden.

Der Energie des Kriegsministers N i e l, der dem Marschall R a n d o n im Beginne des Jahres 1867 im Amte gefolgt, gelang es endlich doch, den Gesetzvorschlag im Corps Legislatif durchzubringen und die Neuorganisation des Heeres anzubahnen, wobei jedoch die Errichtung der Mobilgarde eine auffällige Vernachlässigung erfuhr. Während der drei Jahre, die zwischen dem Beginne der Armeereform und dem Kriege, der endlich ausbrach, lagen, schritt die Reorganisation so weit vor, dass die officielen Daten für 1870 bereits eine Heeresstärke von 725.000 Mann und 89.322 Pferden ausweisen konnten. Die letzte den Vertretungskörpern unterbreitete „Darlegung der Lage des Reiches" gab nämlich folgende summarische Gruppirung:

In Frankreich . . . . 334.287 Mann, 72.760 Pferde,
in Algerien . , ... 65.713 „ 16.562 „
hiezu die Recrutirung von 1870 66.000 „
Armeereserve . . . , ... 259.000 „

zusammen . . . . 725.000 Mann, 89.322 Pferde.

Der Friedensstand selbst aber wies von dieser Summe, einschliesslich aller geworbenen, in Algerien befindlichen Truppen (Fremden-Regimenter, Turcos, Spahis), dann des Train- und Verwaltungspersonals, nur 400.000 Mann aus.

Von der mobilen N a t i o n a l g a r d e hingegen, welche nach einigen Schriften auf 319 Bataillone Infanterie, 122 Batterien und 6 Pontoniercompagnien zu bringen gewesen wäre, hatte man im Beginne des Jahres 1869 vorerst in 29 Departements nur 142 Bataillone, 91 Batterien und 2 Pontoniercompagnien im Rahmen aufgestellt. Noch bei Beginn des Feldzuges existirten keine sicheren, amtlichen Daten über die formationsmässigen Bestände der Mobilgarden.

Die Gesammtstärke der M a r i n e t r u p p e n einschliesslich aller im Lande und in den Colonien verwendeten Aufseher, Professionisten, Verwaltungsbeamten etc. bezifferte sich auf 113.000, wovon im activen Seedienste nur 70.000 Mann standen, während die übrigen 40.000 Mann die Reserve bildeten.

An ausgerüsteten und in Dienst gestellten Kriegsschiffen werden im Marineerforderniss pro 1870 167 Fahrzeuge aufgeführt und zwar:

10 Panzer-Schraubendampfer,
76 Holz-   „
38   „   Raddampfer
43 Segelfahrzeuge.

Ueberdies noch eine grössere Zahl von Schul-, Versuchs-, Reserve-, Hafenschiffen u. s. w.

Parallel mit den organisatorischen Arbeiten liefen die Bestrebungen der Kriegsleitung, auch in technischen und taktischen Beziehungen das Heer einer Vervollkommnung näher zu bringen. Die Bewaffnung wurde gründlich geändert. Die gesammte Infanterie des Landheeres, die Genietruppe und die Marine-Infanterie tauschten ihr Vorderladegewehr in ein Rückladegewehr Chassepot'scher Construction — fusil modèle 1866 — ein; die Reiterei wurde mit alten, in Rücklader umgewandelten Dragonergewehren, die Mobilgarden mit den in Hinterlader umgestalteten Infanteriegewehren, Model 1867, bewaffnet. Nach den officielen Angaben wurden bereits im Jahre 1867 100.000 Stück Chassepots erzeugt und bis December 1868 weitere 493.000 Stück nachgeliefert. Da aber die Armee noch bei Ausbruch des Krieges bekanntlich mit vier Gewehrgattungen in's Feld rückte, so darf vielleicht die Genauigkeit dieser Daten oder die richtige Disposition mit den vorhandenen Waffen angezweifelt werden.

Die aus den Erfahrungen des österreichisch-preussischen Krieges geschöpfte Erkenntniss von der ausschlaggebenden Wirkung des Infanteriefeuers führte in der Absicht der möglichsten Stärkung desselben auf die Idee der sogenannten Kugelspritzen oder Mitrailleusen, [1]) welche Anfangs zu einer engen Verbindung mit der taktischen Einheit der Infanterie bestimmt waren, bald aber von derselben getrennt, in Batterien zu 6 Stück vereinigt und der Artillerie zugewiesen wurden.

In den Schiessschulen zu Châlons und Vincennes, sowie in den ständigen Lagern zu Châlous, Saint Maur les Fosses, Lannemezau, Sathonay u. s. w. wurden die Uebungen mit vermehrter Sorgfalt betrieben.

Dieser regen Thätigkeit auf militärischem Gebiete in Frankreich, die nach Marschall Niel's Tode und der Uebernahme des Kriegs-Portefeuilles durch Leboeuf im Jahre 1869 noch insoferne erhöht wurde, als die Organisation der Mobilgarden endlich greifbare Gestalten

---

[1]) Eine Gattung derselben, die „Gatling-Kanone", so benannt nach ihrem in Indianopolis wohnenden Erfinder, stand schon im nordamerikanischen Bürgerkriege in Verwendung.

erhielt, setzte man in Preussen eine gleiche, alle Theile des Heer-
wesens umfassende Rührigkeit entgegen, die hauptsächlich eine Ver-
schmelzung der neuen Bundes-Contingente mit dem preussischen Heere
zum Ziele hatte. Die gesammte norddeutsche Kriegsmacht wurde in
13 ständige Armeecorps eingetheilt; Sachsen bildete ein Armeecorps
für sich, das zwölfte; die Contingente der übrigen kleineren Staaten
wurden in preussische Divisionen eingetheilt. Die Nummern der Re-
gimenter liefen durch die ganze Armee. Der Friedens-Präsenzstand
wurde auf 300.000 Mann nebst 13.000 Officieren gebracht, während
die Kriegsstärke des Bundes-Landheeres, einschliesslich der
Ersatztruppen und der Besatzungen eine Ziffer von 947.329 Mann,
200.114 Pferden, 1638 Geschützen und 18.673 Fahrzeugen aufwies.

In der Kriegsmarine dagegen blieb Norddeutschland, als
Seemacht zweiten Ranges, begreiflicherweise hinter Frankreich bedeu-
tend zurück. Es zählte nämlich nach dem, dem Bundesrathe vom
Kanzler vorgelegten Berichte im Ganzen :

      3 Panzerschiffe,
      2 Panzerfahrzeuge,
      5 gedeckte Corvetten,
      4 Glattdecks,
      2 Aviso's,
      22 Kanonenboote,

in Summa 38 Dampfschiffe mit 320 Kanonen nebst 7 Seglern als Ar-
tillerie- und Uebungsschiffe.

Dafür aber wurde durch neue Befestigungen und durch Armi-
rung der Werke mit schweren Krupp'schen Stahlgeschützen (24-, 72-
und 96-Hinterladungs-Pfündern) ausgiebig für den Schutz der Küsten
und Seehäfen vorgesorgt.

Durfte Preussen überdies in Folge der schon erwähnten August-
verträge auf Süddeutschland rechnen, so wurde hiedurch der norddeutschen Kriegsmacht eine weitere Verstärkung von über 120.000
Mann zugeführt. Preussen war daher auch bedacht, wo nur möglich,
die Beziehungen der deutschen Südstaaten zum Nordbunde zu engeren
zu gestalten, und seinen unauffälligen, aber rastlosen Bemühungen war
es 1869 bereits gelungen, zwischen dem Grossherzogthum Baden und
dem norddeutschen Bunde einen Vertrag bezüglich Einführung der
gegenseitigen militärischen Freizügigkeit zu vereinbaren und einen
preussischen General nach Karlsruhe als Kriegsminister zu bringen.

Dieses stete Umsichgreifen preussischer Macht und preussischen
Einflusses musste naturnothwendig die seit dem verhängnissvollen Tage

von Königgrätz unversöhnlichen Gegensätze zwischen den Interessen des französischen Kaiserreiches und jenen des unaufhaltsam empor-strebenden Staates der Hohenzollern immer schärfer zuspitzen. Zu Oesterreich suchte Kaiser N a p o l e o n indessen in ein freund-schaftlicheres Verhältniss zu treten, was ihm auch gelang. Die Animo-sität gegen Oesterreich, welche — wie schon einmal erwähnt — durch die frühere Politik des Kaiserreiches wie ein rother Faden sich durch-zog, war geschwunden. Zu Abmachungen oder gar zu einer Allianz zwischen beiden Staaten kam es zwar keineswegs, doch glaubte Preussen die wiederholten Annäherungs-Versuche N a p o l e o n's an seinen Geg-ner vom Jahre 1866 in einer ihm feindlichen Absicht deuten zu sollen. Der Argwohn wuchs noch durch den Schutz, den Frankreich preus-sischen Emigranten, namentlich den Hannoveranern (hannöver'sche Legion) zu Theil werden liess. Vor der Welt erschienen zwar seit den drei Jahren, die seit der Luxemburger Affaire dahingegangen, die freund-nachbarlichen Beziehungen zwischen Frankreich und Preussen unge-trübt; aus dem Ernste und dem Uebereifer jedoch, mit denen man ohne Rücksicht auf die Schonung erheischenden, erschöpften Staats-finanzen das Instrument der Politik in besten Stand zu setzen und zu vervollkommnen bestrebt war, mochte man wohl instinctiv heraus-empfinden das gegenseitige, immer wache Misstrauen. Der Funke glomm unter der Asche; er bedurfte nur des Luftzuges, der ihn zur hellen, gefrässigen Lohe emporfachen sollte.

Auch im Inneren Frankreichs ballten sich die Wolken am politi-schen Horizonte immer dunkler und dräuender. Die persönliche Herr-schaft des Kaisers hatte die bürgerlichen Rechte und verfassungsmäs-sigen Freiheiten in enge Schranken verwiesen, welche die rastlos drän-genden oppositionelen Parteien zu durchbrechen suchten. N a p o l e o n sah ein, dass seine Regierung in dem unausgesetzten Kampfe gegen den immer intensiver werdenden Widerstand der Republikaner und Socialisten endlich erlahmen müsse; die Bewegung im Lande wurde immer heftiger; die Unruhen mehrten sich und drohten an einzelnen Orten in offene Empörung auszubrechen; Paris, das Herz Frankreichs, wurde mehr denn einmal zum Schauplatze wild erregter Strassen-tumulte, die das Einschreiten des Militärs nothwendig machten. Viele Anhänger der Dynastie begannen wankend zu werden; denn die finan-ziele Misswirthschaft, die drückenden Steuern, die selbst von Perso-nen aus der nächsten Umgebung des Kaisers in grossem Maassstabe und in unsolider Weise betriebene Börsenspeculation, welche in der genusssüchtigen und leichtfertigen Menge die Scheu vor ernster Arbeit

und die krankhafte Gier des raschen bequemen Gelderwerbes grossge-
zogen hatte; die offenbare Kraft- und Bedeutungslosigkeit des Ver-
tretungskörpers, in den die Regierung durch die Rührigkeit ihrer Be-
amten eine zumeist durch selbstische Interessen gebundene, stumm
und unbedingt ergebene Majorität zu bringen verstanden; die durch
manchen Fall zu Tage getretene würdelose Abhängigkeit des Richter-
stuhles; endlich eine andere Reihe von Umständen, die auf die öffentliche Sittlichkeit, das Familienleben, das Wachsen der Bevölkerung
von übelsten Rückwirkungen sein mussten, — konnte natürlich nicht
verfehlen, jede Autorität zu untergraben, das Rechtsbewusstsein im
Volke zu erschüttern, die Staatslasten unverhältnissmässig zu erhöhen,
das Vertrauen in die Zukunft des Bestehenden zu rauben uud dafür ein
Gefühl der Unsicherheit zu erzeugen, den materielen Aufschwung im
Lande, den das Kaiserreich in der Periode seiner Jugend und seines
Glanzes zu befördern verstanden, in's Stocken zu bringen, um den Thron
aber eine Gesellschaft von Egoisten und Abenteurern zu zügeln.

Kaiser Napoleon, das Unsichere und Gefährliche dieser Lage
empfindend, versuchte nun den Thron durch Nachgiebigkeit gegen die
Wünsche des Volkes zu festigen und liess durch die Regierung Ab-
änderungen an der Verfassung im liberalen Sinne vornehmen. Die Bevölkerung selbst wurde berufen, um ihre Einwilligung in die Verfas-
sungs-Abänderung zu geben und daher mit Hilfe und Unterstützung
der Präfecten und ihrer willigen Werkzeuge eine allgemeine Volksab-
stimmung in Frankreich und seinen Colonien im Monate Mai 1870 in
Scene gesetzt. Da auch eine Verbesserung der Lage der arbeitenden
Classen in Aussicht gestellt wurde, so hatte die Regierung die Genugthuung, bei dem Plebiscite nicht allein die conservativen Parteien, sondern auch die Land- und arbeitende Bevölkerung wieder auf ihrer
Seite zu finden, während die, übrigens in der Minorität gebliebene
Städtebevölkerung die Gelegenheit zu einer Demonstration gegen das
Empire nicht unbenützt vorbeigehen liess. Die politische Intelligenz
Frankreichs erklärte nämlich das Plebiscit, wie es dem Volke vorgelegt wurde, abermals nur für einen Act des persönlichen Regiments,
weil das plebiscitarische Regime die Verneinung des repräsentativen
Systems in sich schliesse. Die vom Lande verlangte Gutheissung libe-
raler Reformen hätte, nach den Ansichten der vorgeschrittenen Parteien, darum nur vom gesetzgebenden Körper gefordert werden dürfen.

Nichtsdestoweniger schien das Glück dem Kaiserreiche nach be-
endetem Plebiscite wieder lächeln zu wollen, denn die Napoleonischen

Ideen hatten mit 7 Millionen Stimmen den Sieg davon getragen über alle legitimistisch-socialistischen Combinationen.

Man wäre nun zur Annahme berechtigt gewesen, Kaiser Napoleon werde seine ganze Kraft und Thätigkeit der inneren Entwicklung des Landes und der möglichsten Ausgleichung so mancher, daselbst noch schroff gegenüberstehender Gegensätze zuwenden. Auch in den körperlichen Leiden und den vorgeschrittenen Jahren des Kaisers glaubte man einen weiteren Grund finden zu sollen, der ihn bestimmen würde, auf eine aggressive, abenteuernde Politik zu verzichten. Um so mehr Befremden erregte die bei der Neubildung des Cabinets nach dem Plebiscite erfolgte Wahl des Herzogs von Grammont zum Minister des Auswärtigen. [1])

Grammont, bis zum 15. Mai französischer Botschafter in Wien, galt als ein Feind der nach Königgrätz gegründeten Ordnung in Deutschland. Die aus dieser Berufung ins Cabinet gezogenen Schlüsse auf die künftige feindliche Haltung Frankreichs gegenüber Preussen lagen um so näher, als auch die officiösen französischen Blätter einen gereizten Ton gegen die Bismarkischen Organe anzuschlagen begannen. In den Regierungskreisen jedoch suchte man die Ernennung Grammont's durch den Umstand zu erklären, dass er an den inneren Parteikämpfen nicht betheiligt war, dass er also keine Art von Verbindlichkeiten gegenüber irgend welcher Gruppe im gesetzgebenden Körper hatte, während Daru, sein Vorgänger im Amte, als einer der Führer des linken Centrums sich mehrfach in seinen Handlungen behindert sah.

Ein kaum einen Monat nach der Uebernahme der Geschäfte eingetretener Zwischenfall in Betreff der Gotthardtbahn gab nun dem Herzoge Gelegenheit, durch eine vorurtheilsfreie Behandlung des Gegenstandes seine Mässigung zu bethätigen und die aufgetauchten kriegerischen Besorgnisse zu zerstreuen. Der norddeutsche Bundestag hatte nämlich auf wiederholtes Betreiben Bismark's eine Subvention von 10 Millionen Francs votirt für den Bau einer Alpenbahn durch

---

[1]) Herzog Agenor v. Grammont, seit 1861 Botschafter in Wien, ist das Haupt einer der vornehmsten Familien des legitimistischen Adels, und trägt noch die Titel: Herzog von Guiche, Prinz von Bidache. Er war ein Jugendgespiele des Grafen Chambord, verhielt sich unter der Julimonarchie sehr feindselig, schloss sich aber nach dem Staatsstreiche sofort dem Kaiserreiche an und trat in die diplomatische Carrière. Er bekleidete die Gesandtschaftsposten in Cassel, Stuttgart und Turin und war von 1857 — 1861 Botschafter in Rom, wo er sich mit Cardinal Antonelli heftig überwarf.

die Centralschweiz, behufs Herstellung einer unmittelbaren Verbindung zwischen Deutschland und Italien. Bei den vorhergegangenen
langwierigen Verhandlungen über die Richtung, in welcher die Trace
zu ziehen wäre, hatten sich mehrere schweizerische Cantone mit aller
Entschiedenheit gegen die kostspielige und schwierige Gotthardtbahn
ausgesprochen und für eine Splügenbahn agitirt, während französische
Gesellschaften wieder für die Simplonbahn mit allem Eifer in die
Schranken traten. Der hiedurch erzeugten Unschlüssigkeit hatte der
norddeutsche Bundeskanzler durch die in einer an die betheiligten
Staaten (Italien, Schweiz, Baden) gerichteten Note enthaltene bün-
dige Erklärung für die Gotthardtbahn ein Ende gemacht. Diese Rich-
tung wurde offenbar gewählt, um die Verbindungsbahn zwischen
Deutschland und Italien gänzlich durch die neutrale Centralschweiz
und ausserhalb des Bereiches grösserer Staaten, wie Oesterreich oder
Frankreich, zu führen.

Dieser Schritt Preussens konnte natürlich nicht verfehlen, in
Frankreich ein peinliches Aufsehen zu erregen und das Misstrauen
wieder wachzurufen. Der Abgeordnete M o n y brachte im Corps Legislatif eine auf diese Frage bezügliche Interpellation an den Minister
des Auswärtigen ein; die Beunruhigung nahm in Deutschland wie in
Frankreich in gleichem Maasse zu; die Auffassung, Preussen befürworte die Linie über den Gotthardt nur aus militärischen Rücksichten,
um nämlich im Kriegsfalle ungehindert die Truppen durch die
schwache, eines Widerstandes unfähige Schweiz befördern zu können,
wurde immer allgemeiner, so dass endlich der Herzog von G r a m m o n t
am 20. Juni durch die Beantwortung der M o n y'schen Interpellation
die Gemüther zu besänftigen, die Besorgnisse zu zerstreuen und die
Friedensliebe des französischen Cabinets zu manifestiren suchte. Bei
der Beantwortung hob der Herzog von G r a m m o n t insbesondere
hervor, dass die Schweiz kein Mittel versäumt habe, um ihre Neutralität zu wahren; sollte diese Neutralität bedroht sein, so würde
Frankreich am Platze erscheinen, um sie zu vertheidigen. Er schloss
mit den Worten: „Die französische Regierung ist beruhigt über die
politischen Consequenzen der Gotthardtbahn; sie hatte weder das
Recht, noch war es ihre Aufgabe, sich derselben zu widersetzen."
Auch der Kriegsminister L e b o e u f erklärte, dass die Gotthardtlinie in
strategischer Beziehung nicht beunruhigend sei, da die Verbindung
noch immer leicht unterbrochen werden könne.

Die Mässigung, welche die Pariser Regierung bei dieser Gelegenheit an den Tag gelegt, rückte vor der Welt die drohend erschie-

nene Gefahr wieder in eine um so weitere Ferne, als der dem französischen Gesandten in Berlin, Mr. Benedetti, eben ertheilte viermonatliche Urlaub, die Verminderung des im gesetzgebenden Körper vom Kriegsdepartement für das Jahr 1870 zur Aushebung beantragten Recruten-Contingents um 10.000 Mann, sowie die anlässlich der einschlägigen Debatten vom Minister Ollivier gegebene Versicherung „niemals sei der Friede Europa's gesicherter gewesen als jetzt", auf die ungetrübtesten Beziehungen zwischen den beiden Cabineten schliessen liessen.

Um so gewaltiger aber war auch der Schreck und um so allgemeiner die Bestürzung, die sich ganz Europa's bemächtigte, als schon acht Tage nach dieser eclatanten Friedensverkündigung Ollivier's die Welt aus ihrer Friedenszuversicht durch eine Erklärung Grammont's im Corps Legislatif gerüttelt wurde, die durch die ungewöhnliche Deutlichkeit der Sprache im Munde eines Diplomaten die Gefahr eines furchtbaren Zusammenstosses zwischen den beiden rivalisirenden Mächten in nächster Nähe erscheinen und die dunkle Ahnung erstehen liess, dass die europäische Staatengesellschaft an der Schwelle grossartiger, welterschütternder Ereignisse angelangt sei.

Preussen hatte in der letzten Zeit das unverhüllte Streben an den Tag gelegt, die zwischen seinem und dem russischen Hofe bestehenden Freundschaftsbande auch auf die Beziehungen der beiderseitigen Cabinete zu übertragen. Einem zweitägigen Besuche, den König Wilhelm dem im Bade zu Ems weilenden Kaiser Alexander von Russland Anfangs Juni abgestattet, wollte man zwar auf officiöser Seite jeden politischen Charakter absprechen und ihn lediglich als einen von Höflichkeits- und Familienrücksichten gebotenen Act darstellen, indem bei dieser Gelegenheit die Verlobung des Grossfürsten Wladimir von Russland mit der Prinzessin Maria, der ältesten Tochter des Prinzen Friedrich Carl, gefeiert wurde. Da aber der König bei seiner Reise vom Bundeskanzler begleitet war, so lag die Vermuthung, dass dieser Monarchenzusammenkunft auch ein politischer Zweck zu Grunde lag, nicht so ferne. Welcher Natur die in Ems gepflogenen Abmachungen waren, trat zu Tage, als am 2. Juli aus Madrid der Welt verkündet wurde, General Prim sei es endlich gelungen, in der Person des Fürsten Leopold von Hohenzollern-Sigmaringen einen Throncandidaten zu finden.

3 *

Seit der Erledigung des spanischen Thrones durch die Vertreibung der Königin Isabella waren bereits mehrere Versuche der aus monarchistischen Elementen zusammengesetzten provisorischen Regierung zu Madrid, einen geeigneten Throncandidaten aufzustellen, dessen Wahl auf die Zustimmung der Majorität der Cortes wie der in Fractionen zerrissenen Bevölkerung rechnen könnte, gescheitert. Es wurden nacheinander zumeist vom Generalen Prim geleitete Verhandlungen angeknüpft mit dem Könige von Portugal, mit dem Herzoge von Aosta und dem Herzoge von Genua, die aber zu keinem Resultate führten. Da auch von den Prätendenten der spanischen Krone: der Prinz von Asturien, der Herzog von Montpensier, der Infant Don Carlos und der Sohn der vertriebenen Königin, Alphonso XII., sich keinen genügenden Anhang im Lande zu verschaffen wussten, so gewann es schon den Anschein, als würde die republikanische Partei, an deren Spitze der eben so thatkräftige wie als Redner ausgezeichnete Advocat Castellar wirkte, trotz der eifrigen, im Stillen betriebenen Gegenbemühungen des französischen Cabinets, schliesslich doch zum Siege gelangen. Ein letzter Schritt Prim's bei dem erwähnten Hohenzollern'schen Prinzen änderte jedoch die Sachlage und führte zu einer in ihren Folgen heute noch unabsehbaren Katastrophe [1]).

Schon bei dem ersten Auftauchen des Gerüchtes, Prinz Leopold habe, nach anfänglicher Weigerung, sich später doch bereit erklärt, als Throncandidat aufzutreten, zeigten sich in den französischen, der Regierung nahestehenden Organen beunruhigende Symptome, die jetzt, bei der Bestätigung dieses Gerüchtes, an Intensität bedeutend zunahmen. So schrieb der unzweifelhaft vom Minister des Auswärtigen inspirirte „Constitutionel" unterm 4. Juli: „ . . . . . bei aller Hochachtung vor der Souverainetät des spanischen Volkes, welches in diesem Falle der einzig competente Richter ist, könnten wir ein Gefühl des Erstaunens nicht unterdrücken, wenn wir das Scepter Carl V., einem preussischen Prinzen, dem Enkel einer Prinzessin aus der Familie Murat, deren Namen nur durch traurige Erinnerungen an Spanien geknüpft ist, anvertraut sähen."

Auch in den Kreisen der Bevölkerung begann man die plötzlich auf die Tagesordnung gesetzte Frage der spanischen Throncandidatur

---

[1]) Erbprinz Leopold von Hohenzollern-Sigmaringen, geboren 1835, ist vermählt mit einer jüngeren Schwester des Königs von Portugal, gehört wie diese der katholischen Religion an und ist der ältere Bruder des Fürsten Carl von Rumänien. Seine verwandtschaftlichen Beziehungen werden später näher dargelegt werden.

als eine von langer Hand vorbereitete politische Intrigue Preussens aufzufassen. Man erinnerte allgemein an gewisse Vorgänge, die schon beim Ausbruche der spanischen Revolution die Aufmerksamkeit auf die Geschäftigkeit des Berliner Cabinets gerichtet hatten. Darnach wären die Leiter der Septemberrevolte im geheimen Einverständnisse mit Bismark vorgegangen, die ursprüngliche Absicht des Letzteren wäre gewesen, nach dem Sturze der Königin Isabella den Herzog von Montpensier auf den Thron zu bringen. In eingeweihten Kreisen hätte man darum schon damals mit Befremden den Verkehr der Agenten der spanischen Parteihäupter mit Berlin beobachtet. Man erinnerte ferners an die, unmittelbar nach der Schlacht von Alcolea mit grosser Bestimmtheit aufgetretenen Gerüchte, dass im Hafen von Cadix preussische Schiffe mit Geldsendungen angelangt wären und brachte damit zugleich den sonderbaren Umstand in Verbindung, dass Herr Rancez, der spanische Gesandte am Berliner Hofe, einer der Ersten war, der sich einer Beförderung von Seite der provisorischen Regierung zu erfreuen hatte; er wurde nämlich zum Gouverneur von Cadiz ernannt, obwohl eine kurze Zeit vorher die preussischen Regierungsorgane Hrn. Rancez ostentativ beschuldigten, er hätte seinen politischen Pflichten unter dem Ministerium Narvaez nicht Genüge gethan.

Es wurde auch an jenes Wort erinnert, das man allgemein dem Grafen Bismark bei der ersten Kunde vom spanischen Aufstande in den Mund gelegt: „Voilà ma planche de salut!" Anknüpfend an diese Aeusserung und die eben erwähnten, vielfach im Umlauf gestandenen, wenn auch — begreiflicherweise — von den Berliner Blättern eifrigst dementirten Gerüchte, bemerkte der officiöse „Constitutionel": „Freunde und Gegner des preussischen Ministers hatten für dieses Wort nur eine Erklärung; er wollte ihrer Meinung nach sagen, dass die spanischen Unruhen und Candidaturen, zu denen sie Anlass geben würden, eine Verlegenheit für Frankreich sein würden. Was ist an diesen Gerüchten wahr? Bildet das heutige Ereigniss ein Glied in jener Kette von Thatsachen, die vor zwei Jahren in ganz Europa erzählt wurden? Hat der ausgezeichnete Staatsmann, welcher die Geschicke Preussens lenkt, für den Thron von Spanien den Herzog von Montpensier vorgeschoben, dessen Unpopularität er kannte, um im geeigneten Augenblicke einen preussischen Prinzen an dessen Stelle zu setzen?"

Obwohl nach dem bisher Bekannten für alle diese Muthmassungen eine autoritative Bestätigung nicht zu erbringen war, so hatte der Argwohn gegen Preussen schon zu tiefe Wurzel gefasst, als dass die französische Regierung, welche allem Anscheine nach durch die sehr geheim betriebenen Unterhandlungen Prim's mit dem in Düsseldorf weilenden Prinzen Leopold höchlich überrascht war und der fertigen Thatsache völlig verblüfft gegenüberstand, sich in die hiedurch geschaffene Situation und in die noch unabsehbaren Folgen derselben mit Stillschweigen hätte hineinfinden können.

Schon am 5. Juli wurde die spanische Throncandidatur durch eine Interpellation des Deputirten Cochery nebst vier anderen Mitgliedern des linken Centrums vor den gesetzgebenden Körper gebracht. In der schon Tags darauf erfolgten Beantwortung constatirte der Herzog von Grammont, dass Prim dem Hohenzoller'schen Prinzen die Krone Spaniens angeboten und dieser sie auch angenommen habe und fuhr dann fort: „Das spanische Volk habe sich noch nicht ausgesprochen, und die französische Regierung sei von den gepflogenen Unterhandlungen nicht unterrichtet. Die Regierung werde ihrer bis jetzt beobachteten neutralen Haltung treu bleiben, aber nicht dulden, dass eine fremde Macht einen Prinzen auf den spanischen Thron setze und die Ehre und Würde Frankreichs gefährde. Die Regierung vertraue der Klugheit des deutschen Volkes und der Freundschaft des spanischen. Sollte jedoch ihre Hoffnung getäuscht werden, so werde sie ihre Pflicht thun, ohne Zaudern und ohne Schwäche."

Diese mit anhaltendem, allgemeinen Beifalle aufgenommene Erklärung wirkte zündend in ganz Europa; der diplomatische Schriftwechsel folgte ihr unmittelbar auf dem Fusse.

Die Ereignisse drängten nun zur Entwicklung mit einer Hast, wie sie beispiellos dasteht in der Geschichte der Diplomatie aller Zeiten. Ruhelos folgte Schlag auf Schlag und namentlich Frankreich suchte mit einer Fieberhaftigkeit die Entscheidung, ob Krieg oder Frieden, zu zeitigen, so dass sich Niemand mehr der Annahme entschlagen konnte, es habe sich längst für den Kampf im Stillen vorbereitet, es sei zum Losschlagen Alles fertig, es benütze freudig den erwünschten Anlass, jetzt die ohnehin kaum vermeidliche Abrechnung mit Preussen zu halten und es wolle dieses nicht zu Athem kommen lassen. Freilich zeigten die Begebenheiten bald, dass diese Voraussetzungen grösstentheils auf irriger Grundlage fussten und unwillkürlich drängt sich heute jedem denkenden Menschen die Frage auf, was denn eigentlich

den Kaiser N a p o l e o n bewogen haben mag, die Dinge auf die Spitze
zu treiben und mit solcher U e b e r s t ü r z u n g zu handeln ?

Unmittelbar zwingende Gründe für dieses allzurasche, unbedachte
Vorgehen sind auch dann nicht aufzuweisen, wenn man selbst die An-
sicht gelten lässt, die Hohenzollern'sche Candidatur bedeute einen
feindseligen Act Preussens gegen Frankreich ; denn im Laufe der Unterhandlungen wurden diese auf einen Stand gebracht, der es N a p o-
l e o n, wenn die Erhaltung des Friedens in seiner Absicht gelegen
wäre, immerhin ermöglicht hätte, sich mit einem diplomatischen Erfolge zu begnügen, oder die Pourparlers doch wenigstens so lange noch
auszudehnen, bis es gelungen, die militärischen Rüstungen, die sich
nachträglich als total unzulänglich erwiesen, einigermassen zu vervoll-
ständigen.

Während nämlich Frankreich von der preussischen Regierung
verlangte, dieselbe möge dem Erbprinzen L e o p o l d die Bewilligung
zur Annahme der spanischen Krone verweigern, in der gleichen Weise
wie auch König L u d w i g P h i l i p p sie dem Herzoge von N e m o u r s
für Belgien, England dem Prinzen A l f r e d und Russland dem Herzoge von L e u c h t e n b e r g für Griechenland, und wie endlich Kaiser
N a p o l e o n III. sie dem Prinzen M u r a t für Neapel verwei-
gert hatte, setzte es sich auch mit den anderen europäischen
Grossmächten in Verbindung, unter welchen besonders Oesterreich-
Ungarn, England und Italien für eine friedliche Begleichung der ent-
standenen Schwierigkeiten wirkten, und, wenn sie auch nicht mit Bestimmtheit der französischen Auffassung zuneigten, bei ihren vermit-
telnden Schritten in Berlin doch kein Hehl machten aus der Gefahr,
welche die Hohenzollern'sche Throncandidatur in sich berge.

Preussen suchte jede Gemeinschaft mit der fraglichen Angelegenheit in Abrede zu stellen und trug eine, gegen die ganz Frankreich durchzuckende heftige Erregung merkwürdig contrastirende
Ruhe zur Schau. Das Berliner Cabinet erklärte, den Verhandlungen
P r i m's mit dem Erbprinzen Leopold ferne gestanden und daher
auch jetzt nicht in der Lage zu sein, auf dieselben einen bestimmen-
den Einfluss nehmen zu können.

Auch die Regierungsorgane setzten auseinander, dass die Throncandidatur eine innere Frage Spaniens sei, mit der Deutschland
nichts zu schaffen habe. Deutschland, welches das spanische Volk als
selbständig betrachte, wolle diesem keinen König aufzwingen. Ja
sie hoben sogar hervor, dass der Erbprinz L e o p o l d eher als französischer denn als preussischer Prinz zu betrachten sei, da dessen Gross-

mutter von väterlicher Seite Maria Antoinette Murat, von müt-
terlicher Seite aber die Vicomtesse Stephanie von Beauharnais,
die Adoptivtochter Napoleon's, die spätere Grossherzogin von Baden,
war. Der Vater des vorerwähnten Prinzen, Fürst Carl Anton von
Hohenzollern, ist nämlich der Sohn der genannten Prinzessin
Murat und die Mutter des Erbprinzen, die Prinzessin Josefine von
Baden, ist die Tochter der Prinzessin Stephanie. Diese doppelte
Verwandtschaft des Erbprinzen mit dem Napoleonischen Hause, sowie
der Umstand, dass derselbe seit September 1861 mit der Prinzessin
Antonie von Portugal, der Schwester des regierenden Königs von
Portugal, vermählt ist, er also ein Stück „iberischer Union" vertrete,
hätten Prim's Aufmerksamkeit auf ihn gelenkt.

Nun ist diesen Auseinandersetzungen allerdings entgegenzuhalten
das verwandtschaftliche Verhältniss des Erbprinzen zu dem preussischen Königshause, dessen Namen er führt und dem er auch als Oberst
à la suite des ersten preussischen Garderegiments zu Fuss jedenfalls
näher gestanden ist, als dem Hause Bonaparte. Mit diesen allgemeinen ausweichenden Erörterungen begnügte sich daher die französische
Regierung keineswegs und drang durch ihren in Wildbad beurlaubten
Gesandten Benedetti, der ungesäumt nach Ems, woselbst sich der
König schon seit 20. Juni zum Curgebrauche aufhielt, abreisen musste,
auf die entschiedene Erklärung, ob König Wilhelm den Prinzen er-
mächtigen werde, die spanische Krone anzunehmen oder nicht?

Benedetti sah sich in Ems sehr freundlich aufgenommen und
wurde nebst dem aus Paris herbeigeeilten preussischen Gesandten,
dem Freiherrn von Werther, zur königlichen Tafel gezogen, —
was aber seine eigentliche Mission betraf, so blieb der König, nachdem
er mit namhaften Persönlichkeiten conferirt, bei der Auffassung des
Gegenstandes, die im Vorstehenden bereits entwickelt wurde. Er sagte
in der ersten, am 9. Juli Benedetti gewährten Audienz, dass er,
nicht als Souverän, sondern als Familienhaupt seine Zustimmung
zur Annahme der Candidatur dem Erbprinzen zwar schon
ertheilt habe, ob er sich aber entschliessen werde, dieselbe zurück-
zunehmen, darauf zu antworten, müsse er sich jetzt noch vorbehalten.

Während nun die Verhandlungen in Ems ihren Fortgang nah-
men und auch eine zweite Audienz Benedetti's am 11. Juli ohne
Ergebniss blieb, schien ein plötzlicher Entschluss des Erbprinzen
Leopold und seines Vaters die ganze Frage gegenstandslos machen
und einer friedlichen Wendung zuführen zu wollen. Der Erbprinz
selbst hatte nämlich die Initiative ergriffen und, um der spanischen

Regierung die Freiheit ihrer Handlungen zurückzugeben, der Candidatur entsagt, „fest entschlossen, eine untergeordnete Familienfrage nicht zu einem Kriegsvorwande heranreifen zu lassen." Zugleich erhielt auch der spanische Botschafter Olozaga am französischen Hofe am 12. Juli eine Depesche mit der Unterschrift des Fürsten Anton von Hohenzollern, in welcher dieser bekannt gab, er hätte an Prim telegraphirt: dass „angesichts der Verwicklungen, welchen die Candidatur seines Sohnes auf den spanischen Thron zu begegnen scheine, er dieselbe im Namen seines Sohnes zurückziehe." Unter Hinweis auf diese, sowie auf die vom Herzoge von Grammont in der Kammer gegebene diesbezügliche Erklärung schrieb der officiöse Constitutionel Tags darauf: „Unserem gerechten Verlangen ist Genugthuung geworden. Der Prinz von Hohenzollern wird Spanien nicht regieren. Wir verlangen mehr nicht und vernehmen mit Stolz die friedliche Lösung durch einen grossen Sieg, der keinen Blutstropfen kostete."

Jetzt noch einzulenken und zu einer friedlichen Verständigung zu gelangen, wäre, trotz der hochgehenden Fluthen der allgemeinen Erregung, noch immer in der Macht der französischen Regierung gelegen gewesen. Mit dem Verzichte des Hohenzollern'schen Prinzen auf die Throncandidatur war dem Gefühle der französischen Nation die gleiche Genugthuung geworden, wie in der luxemburgischen Affaire durch die Räumung der Festung von preussischer Besatzung und die Schleifung der Werke. Dass Napoleon im jetzigen Augenblicke nicht klüglich innehielt, sondern durch die nachfolgend zur Darstellung gelangenden Weisungen an Benedetti die Sache forcirte, lässt keinen Zweifel mehr an seinen entschieden kriegerischen Absichten aufkommen.

Forscht man nach den Gründen, die den Kaiser Napoleon in einem Augenblicke, in dem man in Folge von Umständen, die im Vorigen bereits eingehend erörtert wurden, bei ihm kaum eine Geneigtheit für gewagte, weitgreifende Unternehmungen voraussetzen durfte, zu einer solchen Haltung bestimmten, so wird man zunächst den Charakter der plötzlich zu dieser Bedeutung emporgeschnellten Frage in's Auge fassen müssen.

Dass die Abrechnung zwischen Frankreich und Preussen einmal vor sich gehen müsse, stand fest; sie war zu vertagen, aufzuheben — nie. Geist und Tradition der Hohenzollern'schen Politik bedingten im gleichen Maasse das unaufgehaltene Fortschreiten auf der betretenen

Bahn. Die Errungenschaften des Jahres 1866 mussten bis in ihre letzten Consequenzen von Preussen ausgebeutet und verwerthet werden, wofern es dieselben früher oder später nicht in Frage stellen lassen und ein Stückwerk schaffen wollte. Dass dieses Zielbewusstsein den leitenden Männern der preussischen Politik nicht mangelte, offenbarte sich in mehr denn einer Thatsache: in den Augustverträgen mit den deutschen Südstaaten, in der Erneuerung des Zollvereines, in der neuen Militärconvention mit Baden, in der Weigerung, die im Prager Frieden stipulirte Abstimmung in den nordschleswig'schen Bezirken, den Anschluss an Dänemark betreffend, zu gestatten, in der schroffen Haltung, welche Preussen auch nach dem Friedensschlusse Oesterreich gegenüber beobachtete, in dem Liebäugeln mit dem päpstlichen Stuhle, der von der emporstrebenden neuen Macht, ungeachtet der Verschiedenheit des Glaubensbekenntnisses, den Schutz seiner weltlichen Interessen erwartete; endlich durfte die Candidatur eines Hohenzollern'schen Prinzen auf den spanischen Thron im selben Momente, in dem das innigste Einverständniss zwischen Preussen und Russland in unzweideutigster Weise zum Ausdruck gelangte, auch nicht blos als Zufallssache betrachtet werden. Preussen war es geglückt, seinen Einfluss bis nach Rumänien zu erstrecken; der Versuch, auch die Veränderungen in Spanien zum eigenen Vortheile auszunützen und daselbst durch einen notorisch vom Königshause abhängigen Verwandten eine gelegentlich sehr zu Statten kommende, Frankreich feindliche Politik zu inauguriren und es förmlich zu umspannen, schien zu verlockend. So vielversprechende Aussichten im Falle seines Gelingens dieser Versuch bot, so konnte er aber auch von einem geschickten Gegner als die Handhabe benützt werden, um die Hülle von dem Gewebe der preussischen Pläne zu reissen und den vor keinem Mittel zurückscheuenden, Alles dem persönlichen, dynastischen Zwecke aufopfernden Ehrgeize in seiner Blösse zu zeigen. Die Besorgniss, dass es Napoleon gelingen könne, der schwebenden Frage den Charakter einer lediglich durch die Hausinteressen der Hohenzollern heraufbeschworenen aufzudrücken und dadurch bei einem Bruche Preussen von Süddeutschland zu isoliren, mag darum hauptsächlich den Rücktritt von der Candidatur veranlasst haben. Napoleon hingegen, der, wie wir vorhin erörtert, durch das Plebiscit seinen Thron befestigt sah und der sich noch kurz vorher wohl nicht mit kriegerischen Absichten getragen, glaubte jetzt die unverhofft gekommene Gelegenheit sich nicht entgehen lassen und die schwache Seite, welche die ganze Angelegenheit für die Dynastie des preussischen Königshauses bot, rasch ausnützen zu sollen, bezweckte aber durch seine Hast und Rücksichtslosigkeit, die er dem vorsichtig zurückweichenden Preussen entgegensetzte, das gerade Gegentheil und trieb die Südstaaten nur um so schleuniger in die Arme Preussens, welchem es nach einem solchen Vorgehen Frankreichs ein Leichtes war, die Frage jetzt zu einer deutsch-nationalen zu stempeln.

Was N a p o l e o n noch zu diesem, die ganze Welt überraschenden Entschlusse bestimmt haben mag, das ist ein Ueberschätzen der eigenen militärischen Kräfte, die trotz der bereits skizzirten Reformen noch immer nicht auf jene Stufe gebracht waren, um sich mit Erfolg mit jenen des geeinten Deutschlands messen zu können; ferner das Drängen der einflussreichen Militärpartei, die eine dauernde Befestigung der N a p o l e o n 'schen Dynastie nur in der Verwirklichung der populärsten französischen Idee: i n d e m G e w i n n e s t r a t e g i s c h v o r t h e i l h a f t e r e r G r e n z e n erblickte.

Dass die noch vom Wiener Congresse festgesetzten und, trotz so vielfacher kostspieliger und siegreicher Kämpfe, im Osten und Norden nicht veränderten Grenzen Frankreichs höchst empfindliche Schwächen aufzuweisen hatten, die bei dem Streben einer grossartigen Politik, zu der Frankreich vermöge seiner Weltlage berufen erscheint, nur um so merklicher in die Wagschale fallen mussten, ist im Eingange dieser Schrift schon gesagt worden. Ein ganzes System von Grenzbefestigungen sollte zwar diesen Schwächen nach Möglichkeit abhelfen, konnte aber niemals den Mangel natürlicher Stärken völlig ersetzen. Die Grenze läuft nämlich von Basel bis Lauterburg parallel jener Deutschlands, von da ist sie im spitzen Winkel zurückgeneigt, so dass sie von jener Deutschlands vollständig überflügelt wird. Eine jede im Elsass mit der Absicht der Ueberschreitung des oberen Rheins vereinigte Armee steht in der Gefahr, von den in Pfalzbaiern und Rheinpreussen versammelten deutschen Kräften in der Flanke gefasst und aufgerollt zu werden. Um dies zu verhindern, wird daher Frankreich stets gezwungen, gleich im Beginne einer jeden Operation seine Kräfte zu theilen. Am Oberrhein, wo der Uferwechsel mit weniger Schwierigkeiten zu bewerkstelligen wäre, erscheint jedoch der Erfolg eines Offensivstosses gegen Deutschland, im Hinblicke auf das Hauptoperationsobject Berlin und auf den Umstand, dass die Entscheidung in einem deutsch-französischen Kriege nicht mehr im Donauthale zu suchen ist, von untergeordnetem Werthe. Ein aus Lothringen gegen den Mittelrhein geführter Stoss muss sich wieder, der Neutralität Belgiens wegen, entweder mit den mindest gangbaren Operationslinien im schwie-

rigen Moselthale und mit jenen über den Hundsrück begnügen, oder
aber, bei einer Vorrückung in Pfalzbaiern, durch Detachirungen zum
Schutze der von den deutschen Truppen in der Rheinprovinz gefähr-
deten linken Flanke eine namhafte Einbusse an Kraft erleiden. Deutschland hingegen besitzt vermöge der das französische Gebiet umfassenden Lage seiner Westgrenzen in der Wahl seiner Operationslinien gegen Frankreich volle Freiheit und hat dabei von keiner Seite eine Ge-
fährdung seiner Flanken zu besorgen, denn selbst im Falle einer Niederlage am linken Rheinufer findet sein Heer sicheren Schutz hinter
den gewaltigen Rheinbefestigungen. Bringt man noch in Erwägung,
dass durch eine etwaige Verletzung der Neutralität Luxemburgs von
Seite Deutschlands, oder gar durch den Anheimfall des Grossherzogthums an Deutschland, die stärkste französische Vertheidigungsbarrière
im Osten, die Mosel- und Vogesenlinie, ganz umgangen, und somit,
trotz der mit ungeheuren Kosten und Mühen errichteten Befestigungen von Metz und Thionville, bedeutungslos und in weiterer Folge
dann Paris, das Herz Frankreichs, schon nach den ersten Unfällen an
der Marne den feindlichen Angriffen preisgegeben würde: so wird das
in allen Phasen der neueren französischen Geschichte zu Tage tretende
Streben nach besser schützenden Grenzen bald seine Erklärung finden.

Die Friedenshoffnungen, welche nach der Kunde von der Entsagung des Erbprinzen von Hohenzollern auftauchten und einige Stärkung darin gefunden, dass der von seinem Landsitze in Varzin nach
Ems zum Könige berufene Bundeskanzler in Berlin angelangt, die
Reise nicht weiter fortsetzte, sondern daselbst verblieb, wurden aber
schon in den nächsten Tagen durch das herausfordernde Benehmen
Benedetti's vollkommen zu Nichte. Als nämlich König Wilhelm
am 13. Juli Morgens auf der Emser Brunnenpromenade dem französischen Botschafter ein ihm soeben zugestelltes Extrablatt der „Kölni-
schen Zeitung" mit einem Privattelegramm aus Sigmaringen, welches
die Verzichtleistung des Erbprinzen Leopold meldete, mit dem Be-
merken überreichte, „dass er selbst, der König, noch kein Schreiben
aus Sigmaringen empfangen habe, heute aber ein solches erwarten
könne", erwähnte Graf Benedetti, „dass er diese Nachricht schon
gestern Abends aus Paris erhalten habe".

Auf die Aeusserung des Königs, dass er nunmehr die Sache hiemit als erledigt ansehe, stellte der Botschafter das unerwartete Verlangen, der König möge die bestimmte Versicherung aussprechen, dass er „niemals wieder seine Einwilligung

geben werde, wenn die fragliche Kroncandidatur wieder
aufleben sollte". König Wilhelm lehnte eine solche Zumuthung
mit aller Entschiedenheit ab und beharrte auf seiner Weigerung, obgleich Benedetti wiederholt und dringend auf seinen Antrag zu-
rückkam. Die nahezu dilettantenhafte Zudringlichkeit, durch welche
der französische Botschafter alle Regeln des diplomatischen Verkehrs
verletzte und einem Souverain auf öffentlicher Promenade eine Erklärung in einer so hochwichtigen politischen Angelegenheit gewissermassen abzuringen versuchte, mag übrigens durch die Weisungen,
die Benedetti vom Pariser auswärtigen Amte zugekommen, veranlasst worden sein.

Auf die Natur derselben lässt sich leicht aus den, zwischen dem
Herzoge von Grammont und dem nach Paris rückgekehrten norddeutschen Botschafter, dem Freiherrn von Werther, am 12. Juli gepflogenen Verhandlungen schliessen. Grammont wollte die Unter-
scheidung zwischen „Souverain" und „Familienhaupt" nicht gelten
lassen und äusserte sich, die Verzichtleistung des Erbprinzen sei ganz Nebensache, da ja Frankreich dessen Thron-
besteigung gar nicht geduldet haben würde. Hauptsache
sei die Verhütung von derlei Verwicklungen in der Zukunft, und es möge daher in einem eigenhändigen, für die
Oeffentlichkeit bestimmten Schreiben König Wilhelm
dem Kaiser Napoleon sein Bedauern über das Vor-
gefallene aussprechen; in diesem Briefe dürften jedoch
die verwandtschaftlichen Beziehungen zwischen dem
Prinzen von Hohenzollern und dem französischen Kai-
serhause nicht erwähnt werden. [1])

Noch am selben Tage, an welchem die denkwürdige Scene auf
der Emser Brunnenpromenade vor sich gegangen, schickte der König
von Preussen um 2 Uhr seinen Flügeladjutanten vom Dienste, Grafen
Lehndorf, zu Benedetti, mit dem Auftrage diesem zu sagen,

---

[1]) Die Blätter übertrieben damals und schrieben, es sei vom Könige eine
förmliche Abbitte gefordert worden; dass dem nicht so, erhellt aus
dem officiellen Berichte des Freiherrn v. Werther selbst, in welchem
über die Unterredung zwischen diesem und Grammont gesagt wird:
„.......Er (Grammont) möchte, offen gestanden, keinen Krieg, sondern freundliche und gute Beziehungen mit Preussen, und von mir wisse
er, dass ich nach demselben Ziele trachte; wir müssten daher zusammen
überlegen, ob es ein Mittel gäbe, hierin eine befriedigende Einwirkung
auszuüben und er stelle meiner Erwägung anheim, ob dazu nicht ein
Brief des Königs an den Kaiser der richtige Ausweg wäre. Er appellire
dabei an das ritterliche Herz Ew. königl. Majestät, welches dabei gewiss

„der König habe vor einer Stunde durch schriftliche Mittheilung des
Fürsten zu Hohenzollern aus Sigmaringen die vollkommene Bestätigung dessen erhalten, was ihm der Graf des Morgens in Betreff der
Verzichtleistung des Prinzen auf die spanische Throncandidatur, als
direct aus Paris erfahren, mitgetheilt habe. Se. Majestät sehe die Angelegenheit hiemit als abgemacht an“. Graf B e n e d e t t i erwiederte
hierauf dem Flügeladjutanten, „er habe seit seiner Unterredung mit
dem Könige eine neue Depesche des Herzogs von G r a m m o n t erhalten, in der er beauftragt würde, sich eine Audienz zu erbitten und noch-
mals dem Könige den Wunsch des französischen Gouvernements nahe
zu legen: 1. Die Verzichtleistung des Prinzen von Hohenzollern zu
approbiren, und 2. die Versicherung zu ertheilen, dass auch in Zukunft
diese Candidatur nicht wieder aufgenommen werden würde“. König
W i l h e l m liess nun darauf dem Botschafter durch den Flügeladjutanten
sagen, dass er den Rücktritt des Prinzen L e o p o l d in demselben Sinne
und dem gleichen Umfange approbirt, in dem er dies vorher mit der
A n n a h m e dieser Candidatur gethan habe. In Betreff des zweiten
Punktes könne er sich nur auf das berufen, was er selber schon des
Morgens dem Grafen gesagt. B e n e d e t t i jedoch bestand auf seiner
Bitte um eine Audienz, „wenn auch nur um dieselben Worte Sr. Majestät selbst zu vernehmen“. Da liess nun der König zum dritten Male,
nach dem Speisen um halb 6 Uhr, dem Grafen durch den Flügeladjutanten bekannt geben, „er müsse es entschieden ablehnen, über bin-
dende Versicherungen für die Zukunft sich in weitere Discussionen
einzulassen; was er des Morgens erklärt, sei sein letztes Wort gewesen“.

---

die richtige Eingebung verleihen würde. Es könnte darin nur gesagt
werden, dass Ew. königl. Majestät, indem Allerhöchstsie den Prinzen
Leopold von Hohenzollern zur Annahme der Krone Spaniens er-
mächtigt hätten, nicht hätten glauben können, weder den Interessen
noch der Würde der französischen Nation zu nahe zu treten; der König
schlösse sich der Entsagung des Prinzen von Hohenzollern an, und zwar
mit dem Wunsche und der Hoffnung, dass jeder Zwiespalt zwischen unseren beiden Regierungen nunmehr verschwunden sein würde. Solche und
ähnliche Worte, die im Allgemeinen durch Publicität zur Beschwichtigung der allgemeinen Volksstimmung beitragen könnten, dürfte dieser
Brief enthalten; doch möchte er bevorworten, dass von den verwandtschaftlichen Beziehungen zum Kaiser nicht die Rede sei; dieses Argu-
ment verletzte hier (Paris) in eigenthümlicher Weise. Ich habe dem Herzoge von G r a m m o n t bemerkt, dass ein solcher Schritt durch seine am
6. d. Mts. in der Deputirtenkammer gegebene Erklärung ungemein er-
schwert würde; es kämen da Andeutungen vor, die Eure königl. Majestät tief hätten beleidigen müssen. Er wollte das bestreiten...“ u. s. w.

Mit dieser wiederholten Weigerung, den französischen Botschafter
zu empfangen, war natürlich der Bruch unvermeidlich gemacht und
jetzt auch von Seiten Preussens dadurch beschleunigt, dass Graf Bismark allen Cabineten Europa's von dieser Weigerung telegraphisch
Nachricht gab. Die französischen Blätter, und nach ihnen viele deutsche und österreichische, meldeten damals, der Bundeskanzler hätte
gleichzeitig an sämmtliche Vertreter des norddeutschen Bundes im
Auslande ein Rundschreiben erlassen, welches die Kriegserklärung
Frankreichs unmittelbar provocirte, da dasselbe, 1. eine Beleidigung
(„Affront") des Königs durch B e n e d e t t i behauptete ; 2. den Rücktritt des Prinzen L e o p o l d von der Throncandidatur verweigerte
und 3. diesem die Freiheit zur Annahme derselben wieder ertheilte.
Unter den diplomatischen Actenstücken, welche der Bundeskanzler
dem zu einer ausserordentlichen Session, vornehmlich zum Zwecke der
Bewilligung eines ausserordentlichen Credites von 120 Millionen Thlrn.
für die Kriegs- und Marineverwaltung am 19. Juli einberufenen norddeutschen Reichstage vorgelegt, findet sich dieses angebliche Rundschreiben jedoch nicht. Dass übrigens die französische Regierung gar
kein, auf den ganzen verhängnissvollen Zwischenfall bezügliches Schriftstück in Händen hatte, geht unzweideutig aus den Verhandlungen im
gesetzgebenden Körper am 15. Juli hervor.

Ollivier berichtete zunächst über die Emser Vorgänge, gab
hiebei eine Erklärung ab, welche mit einer Kriegsdrohung und mit
der Nachricht von der bereits erfolgten Einberufung der Reserven
schloss und forderte die Bewilligung eines Credites von 50 Millionen
Francs für das Kriegsministerium und die Aushebung einer Altersclasse. Die kriegerische Fiber war aufgestachelt, die Macht der Leiden-
schaften übte ihre Herrschaft, die Anträge der Regierung wurden daher mit grossem Enthusiasmus genehmigt. Nur T h i e r s, der scharf-
blickende greise Staatsmann, unterstützt von 20 Mitgliedern, hatte
den Muth, gegen die Dringlichkeit der Regierungsforderungen zu
stimmen und vor dem Kriege zu warnen. Er sagte, man habe Genugthuung in der Sache erlangt und der Form wegen wolle man Ströme
Blutes vergiessen; so sehr er auch die Ereignisse des Jahres 1866
beklage und eine Remedur derselben wünsche, so halte er doch diese
Gelegenheit für durchaus unglücklich gewählt und fürchte, man
werde diese Ueberstürzung zu bereuen haben. Die Kammer aber hörte
nur ungeduldig und suchte T h i e r s durch störendes Lärmen zu unter-
brechen. Ollivier entgegnete: „Wenn je ein Krieg nothwendig ist,
so ist es dieser, zu dem uns Preussen zwingt. Grössere Nachgiebig-

keit würde uns aufs Tiefste erniedrigen.“ Der Deputirte Gambetta
unterbrach jedoch den Minister und äusserte, es sei höchst befremd-
lich, dass, wenn der Botschafter von Frankreich vom Könige von Preussen
hinausgewiesen und vom preussischen Boden fast verjagt worden sei, wie
die Regierung behaupte, diese doch nicht die Schriftstücke vorlegen wolle,
welche die Thatsache erhärten, damit die Kammer in die Ausdrücke und
die Behandlung, welche der Vertreter Frankreichs erduldet haben solle,
Einsicht nehmen könne. Ollivier vermochte aber nichts anderes vorzu-
zeigen, als die Depesche Bismark's, deren vorhin gedacht wurde, sowie
eine zweite Depesche Benedetti's, in welcher dieser die Weigerung
des Königs, ihn zu empfangen, meldete.

An diesem Tage war auch König Wilhelm von Ems nach
Berlin zurückgekehrt und wurde hier mit einem Jubel und einer Be-
geisterung begrüsst, die in glänzender Weise die gehobene Stimmung
und die feste Entschlossenheit der Bevölkerung manifestirte. Doch
nicht in Berlin allein herrschte dieser Schwung, auch durch die süddeutschen Staaten, auf deren Neutralität Napoleon sicherlich gezählt
haben mochte, ging plötzlich ein machtvoller Zug, der sehr verschie-
den war von der kühlen Haltung, welche die süddeutschen Vertretun-
gen noch in den letzten Zeiten bei verschiedenen Anlässen dem norddeutschen Bunde gegenüber beobachtet hatten. Die von den einzelnen
Abgeordneten eingebrachten Anträge auf Einhaltung einer Neutralität
im Falle eines Krieges zwischen Preussen und Frankreich vermochten
nicht durchzudringen; die Cabinete von München, Stuttgart und
Carlsruhe erklärten den casus foederis gegeben und als am 16. Juli
König Wilhelm für das norddeutsche Bundesheer die Mobilisirungs-
ordre erliess, erfolgte auch das Gleiche in den süddeutschen Staaten.
Für die Bundescontingente derselben ernannte König Wilhelm
den Kronprinzen von Preussen zum Befehlshaber.

Während Oesterreich-Ungarn bemüht war, den drohenden Krieg
zu localisiren, unternahm noch am 16. Juli die englische Regierung
einen letzten Vermittlungsversuch in Paris und Berlin, doch ohne
jedes Resultat; die Dinge waren eben schon zu weit gediehen. Die
Fluth der nationalen Erregung war nicht dies- und nicht jenseits des
Rheins mehr zu dämmen. Alles Französische wurde mit einem Male in
Deutschland verpönt; in Paris hingegen hatte die Bevölkerung vor
dem Hôtel des norddeutschen Botschafters einen Charivari ver-
anstaltet.

Eine neue Forderung der französichen Regierung von 400 Millionen für die Landarmee und 60 Millionen für die Marine wurde im

gesetzgebenden Körper am 18. Juli einstimmig angenommen. In Berlin wurde Tags darauf der rasch einberufene Reichstag mit einer Thronrede eröffnet. Nach Verlesung derselben theilte der Bundeskanzler Graf Bismark der Versammlung das einzige Schriftstück mit, welches die französiche Regierung in dieser weltgeschichtlichen Angelegenheit an Preussen gerichtet hatte, und das war die vom Geschäftsträger Le Sourd gezeichnete und am Morgen des 19. Juli den Händen des Kanzlers übergebene **Kriegserklärung.** Ein stürmisches, begeistertes Bravo- und Hochrufen und Händeklatschen auf allen Seiten des Hauses und auf den Tribünen war die Antwort auf diese Mittheilung.

In einer zugleich an die süddeutschen Staaten gerichteten Sommation stellte Napoleon direct die Frage, ob sie die Neutralität einhalten wollten oder nicht. Ueberdies wurde eine Proclamation an die deutsche Nation vorbereitet, in welcher die Beschränkung der Action auf Preussen ausgesprochen und erklärt wird, Frankreich wolle keinen Zoll breit deutscher Erde nehmen.

So war der Würfel gefallen, das Rad der Geschichte im Rollen und ein Krieg entbrannt, den die Macht und Grösse der beiden sich befehdenden Länder, wie die an Fanatismus grenzende nationale Erbitterung zu einem der gewaltigsten und furchtbarsten Ereignisse gestalteten, die seit Jahrhunderten unseren Erdtheil erschüttert haben.